女のコにしか
できないことをしたい
女のコとして
ちゃんと生きたい♥

何かひとつでもいいから追求すれば
〝可愛い〟や〝自信〟につながっていく

「表紙撮影は、いつもと違う新鮮な女性らしさが出せたんじゃないかな。乃愛が思う女性らしさって、見た目の品のよさはもちろん、言葉づかいとかもそう。例えば『〇〇なの』って、男のコだったらあんまり使わないいい回しだよね。だからこそ、使いたい。女のコならではのことをして〝女のコとして生きる〟って、すごく魅力的なことだと思うから。人がヤセとか太ったとかって、あんまりわからない。その人がいちばん心地いいと思える体型であれば、いいと思うんだ。乃愛が可愛くなりたいって思うのは、自分自身が納得する自分でありたいから。コンプレックスは、ある。いったら注目されちゃうから、あんまりいわないようにしてるけど。例えば、便秘でおなかがパーンって張るとか。それはもう、おなかをヘコませてる(笑)。あとは、顔が丸い。でもヤセたらまえより小顔になったし、目も大きくなって鼻も高くなった。理想の体型に近づくことで、理想の顔にもちょっとだけど近づけてるかな。POPに対してもやる気が出てから、すべてがいい方向に進んだんだ。すべては、気の持ちようなんだよね。とりあえずやってみる→やる気が出る→追求する→楽しくなる→うまくいく→アイデアが浮かぶ、それでまた楽しくなるっていう、いい流れになるの。どうしたらいいかわからなくてもがいてた時期は、何事もうまくいかなった。何も追求できてないと、何も残らないんだよね。ダイエットが続かないっていうコは、きっとそこまでヤセたいって思ってないから。そんなことない！ 本当にヤセたい！と思うなら、1か所でいいからヤセることを追求してみるのがいいかも。〝脚ヤセを追求してみよう。そのために半身浴してマッサージするぞ〟とか。そうすると結果が出て楽しくなって、自然とほかの部分もヤセることがある。欲ばるのもいいけど、欲ばりすぎるのもよくないから。まずは1つのことを追求してみるって、どんなことにもいえる気がするな」

可愛くなる＝自分の人生を楽しむこと
だれかのためじゃなく自分のために

「表紙撮影が決まって、ダイエットへのモチベーションがあがった！ めちゃくちゃうれしかったな。やっぱり可愛くなることは、自分を好きになるきっかけだと思う。むかしの自分は可愛くなる努力をしてなかったから、自信ももてなかった。そうすると、毎日が何も楽しくなかったんだよね。いまは自分なりに努力しているから〝努力してるほうが毎日楽しい〟ってことに気づけたよ。朝起きて可愛くして出かけて〝きょうの自分めっちゃ可愛い！〟って思えると、街を歩くのも楽しいんだよね。その努力も〝しなきゃアカン！〟って思ってたときは、ツラかった。〝ヤセろっていわれたから、ごはん食べちゃダメだ〟とか、人にいわれて義務感でがんばってるかんじ。自分のためにするべきことなのに、完全に自分を見失ってたよね。行きづまってたときは、食品サンプルのパンケーキでさえも食べたくなるほど。それで1回、ダイエットのことを忘れてみた時期があったの。でもやっぱり、太ってる自分は嫌。一度POPを休んだことで、自分のためにがんばろう！って思えてから結果が出てきたんだ。ダイエットは、自分が可愛くなって人生楽しくするためのもの。自分がどうなりたいか、考えてみるといいと思うよ！」

PROFILE
徳本夏恵●1998年7月20日生まれ、大阪府出身。A型。2016年10月号よりPOPモデルデビュー。甘GALとして、読者から支持される。AbemaTVの恋愛リアリティーショー『オオカミくんには騙されない』にも出演。

可愛くなる努力をすれば
見える世界が変わって
毎日がキラキラ輝きだす♥

水着¥5292／パティシエールバイミンプリュム　リボンクリップ¥324／パリスキッズ原宿本店

魅力のある女のコって
可愛いだけじゃない。
きっと努力してる
女のコのことだと思う♥

CHANENA

可愛いへの近道はポジティブになること ダイエットだって楽しんだもん勝ち

「〝ヤセポの表紙に出る！〟っていうのは、じつはずっと目標にしてたこと。だからいつこの日がきてもいいように、つねにスタイルキープしてた。ベストな状態で、表紙撮影に臨めたよ。むかしの自分は、すっごくネガティブ。可愛くないから人気出ないんだ…って、見た目ばかり気にしてた。でも、見た目だけを変えても、本当の意味での可愛いは手に入らないんだよね。ネガティブなうえに努力を重ねてしんどくなって、表情は暗かった。いまはポジティブな人たちとつき合うようになって、表情が変わったなって自分でも思うよ。ポジティブな人って、見てても人生そのものが楽しそうなの！　コンプレックスはたくさんあるけど〝コンプレックス＝自分にしかない部分〟って、ちょっとずつだけど思えるようにもなってきた。他人からすると、案外コンプレックスなところが可愛く見えることもあるからね。可愛いは、女のコの基本。可愛さの追求に甘えはない。甘えていいのは恋愛だけ。ヤセポを読んで、自分でいろんなことを知って、いろいろ試してみてほしい。ただ、ダイエットも大事だけど、恵那は明るい女のコがいちばん可愛いと思ってる。楽しんで可愛いを追求してほしいな！」

PROFILE

中野恵那●2000年10月7日生まれ、大阪府出身。B型。2016年6月号よりPOPモデルデビューし、〝あざと可愛い〟を武器に人気急上昇。3か月連続表紙や演技にも挑戦するなど、多方面での活躍に注目が集まる。

水着¥5292／パティシエールバイミンプリュム

Part1 モデルのダイエットヒストリー

ウチらだって努力してる！

いまは細くてキラキラしてるモデルだって、失敗をくり返していた！ってことで、人気モデルの体型キープ術を紹介しちゃうよ♥

撮影／堤博之［恵那、夏恵、乃愛分］、伊藤翔［ねお、ほのか、怜菜、優奈分］
スタイリスト／tommy［P.6〜7］
ヘアメイク／YUZUKO［P.6〜7］
●掲載商品の問い合わせ先はP.128にあります。
表記のないものはスタイリスト私物です。

恵那・キャミソール￥1590／夢展望　パンツ￥1890／ブランガールズ　乃愛・パーカ￥4125／ソニョナラ　夏恵・トップス￥3580／ブランガールズ　ショートパンツ￥2138／ヴォルカン＆アフロダイティ渋谷109店

ちゃんえなは
P.20〜
美は一日にしてならず！
"コツコツ"続けて
体型をキープ♥

のあにゃんは
P.18〜
甘いものを食べずに
ストレスで太るより
食べて量を調節♥

ねおんつぇるは
P.14〜
とにかくストイックに
自分に厳しく！
シャキーーーンッ

なちょずは
P.8〜
POPのぐうたらキャラ
をついに卒業か!?
5kgヤセに成功♥

ゆうちゃみは
P.22〜
POPいちの高身長！
週2のジム通いで
確実に理想に近づく♥

ほのばびは
P.16〜
なんだかんだ歩くのが
いちばん効果あるかも！
太ももヤセに成功♥

れいぽよは
P.12〜
夏に食欲がうせたのを
きっかけにダイエット
したらヤセられた！

あと2kg
ヤセたい
なぁ〜…

ダイエット企画常連にして、POPいちのぐうたらマイペースさん！

徳本夏恵（なちょす）チャンは"思い込み"を捨てたら体型が安定してダイエットが楽しくなった♥

太ってはヤセて、ヤセては太って…いろんな葛藤を抱えながら、ありとあらゆるダイエットに挑んできた、なちょす。「自分を追いつめなくなったらラクになった♥」といまは絶好調！

リバウンド→ストレス→食に逃げるのダークループをくり返していた！

なちょすの体型ヒストリー
ヤセたり太ったりのくり返しで自分を見失っていた日々

2017年3月号「キャベツダイエットでリバウンドして、別のダイエットに手を出したけどそれもうまくいかなくて、ストレスがどんどん増えてた…」

2017年1月号「この撮影の日、"健""がカッコよくてドキドキしてた時代♥。キャベツダイエットで、少しヤセはじめていたよ♪」

2016年12月号「まわりから"ちょっと太った？"っていわれ始めて、ダイエットをしようと思ったんだけどしたことなくて簡単に考えてた…(笑)」

2016年7月号「めちゃくちゃ細くてガリガリやったから、あだ名は、ゴボウ！(笑) ダイエットしているコを見て、かわいそうやなぁ…って思ってたぐらい！」

2018年9月号「2か月POPに出られなかったんだけど、どうしても戻りたくて酵素ダイエットにたどり着いた。いまがあるのはPOPのおかげ！」

2017年12月号「せっかくヤセたのに、冬になってまたリバウンド…。もう何をしてもヤセないんじゃないかってモヤモヤして、ストレスも限界に！」

2017年10月号「この年の夏に太ったから、糖質OFFダイエットとタンパク質ダイエットをしてヤセた♥ まわりから"ヤセたね"ってホメられた」

2017年8月号「かなり太ってた時期や！(笑) だから髪の毛で顔のリンカクを隠そうと必死だった…。で、このあと過酷なダイエット期に突入！」

↓

自分のメンタルバランスを整えることがダイエットへの近道になる♥

ダイエットに苦しみ続けたからこそ…やっと見つけた私らしい答え

「いろいろなダイエットをやって、太って、ヤセて…をくり返してきたけど、もともとの私はガリガリ体質。太ったきっかけは何度も話したかもしれんけど、上京。実家にいるときはお母さんがごはんをつくってくれていたから、自分で食べ物を用意するなんて頭になかったけど、東京に出てきたら自分でごはんを買わなきゃいけなくなって、おいしそうなものを見つけると買っちゃって、食べすぎて…みたいな(笑)。気づいたらブクブク太ってた。でもモデルのお仕事は続けたいから早くヤセなきゃって、ムリなダイエットをしたら、ストレスがたまってリバウンドして、何回も気持ちがしんどくなって…。そのしんどい状態で食事をガマンするっていうのは思っている以上にツラかった。本来は食べることがストレス発散なのにそれもできないから。だから負の連鎖にハマって、最終的にドカ食いをしちゃってた。でも、このドカ食いがいちばんダメやって冷静に考えたとき、ドカ食いの原因はストレスなんだから、まずはストレスをなくしてみよ

うと思って。結局、ダイエットは何を食べるとか食べないとかじゃなくて、メンタルバランスを整えることなんや！ってとこにいきついた。いま、私が安定しているのは好きなものを食べているから。食べちゃいけないっていうガマンや思い込みを捨てて、食べたいときは食べる、逆に余計なものは食べない、食べたくないときは酵素を飲む。そのやり方がうまく調整していくうちにドカ食いしなくなって、徐々に体重も落ちていったの。私の場合、ごはんを半分でやめるとか中途半端なことはできないから、この日のごはんは酵素に置き換えるっていうゼロか百の極端女から(笑)。本当にいろいろなダイエットをしてきたからこのやり方はピッタリ。いまはダイエットを楽しみながらできているから、このままがんばっていきたい。理想的な体型になったら、"なちょすヤセたよ♥"っていうピン企画を肌見せ全開でやりたいし、欲をいえば、最高に盛れてる顔でピン表紙もやらせてほしい…かな(笑)」

冬には冬の♥ヤセる！ **Popteen** Part1 モデルのダイエットヒストリー

なちょすの失敗から学んだ
ダイエット10か条!!

とにかく"ムリをしない！"のがモットー♥

その1 友だちとも遊んで楽しい時間をつくる！
ストレスはためない！
「ストレスがドカ食いにつながるから、遊ぶときはちゃんと遊ぶ！ 友だちと遊んでごはんを食べたらまた太る…とか考えてばかりいると心が病んじゃうし、自分がツラいだけ」

その2 "食べたい"ものを探さない！
極端なガマンはしない！
「食べたいものは、完全にガマンするんじゃなくて、調整すればいいだけの話。あと、食べたいものを探し始めるとそれが食べたくて仕方なくなるから、ムリやり探すのもダメ」

その3 ダイエットは続けてこそ♥
日常に取り入れられることだけする！
「ダイエットは続けないと意味がない★ 即効性があるものはリバウンドも早いから、ダイエットという意識は捨てて、日常生活を変えるっていうスタンスでやるのがオススメ」

その4 自分の体型を把握する！
毎日鏡で全身をチェック！
「ヤセたり太ったりしたとき、すぐ気づけるように毎日全身を鏡で見る。それがモチベにつながることもあるし、太ったと思った部分を意識して動かせるようになるから、大事★」

その5 あえてキツイ服も着て自分をいましめる！
着られない服を避けない！
「太ってるからピタッとした服を避けて、ゆるゆるの服ばかり着てると"まだイケる♥"って、余計に太る。あえてのピタッと服で、自分のヤバさはきちんと自覚せな！」

その6 エレベーターではなく階段とか！
エネルギーを使う努力をする！
「ちょっとしたことでいいから、エネルギーを使ってカロリーを消費するのも大切。例えば、1駅分歩くとか、エスカレーターじゃなくて階段を使うとか。そういうことで◎」

その7 キレイな人を見れば気持ちもUP♥
モチベーションをあげる！
「街を歩いているときに太っている人じゃなくて、キレイな人を見て"いいなぁ、なりたいなぁ"って思う気持ちはダイエットの栄養源。私はテリ*の画像をよく見てる♥」

その8 体のなかからヤセやすく！
内側から温める！
「体のなかを温めると代謝が上がって、ヤセやすい体質になるみたいだから、お風呂につかるのはあたりまえ。暑い日は半身浴だけでもいいし、朝に走ったりするのも効果的！」

その9 添加物とかサプリに頼らない！
あくまで健康がいちばん！
「せっかくヤセても健康的にヤセなかったらキレイじゃないと思う。だから、訳のわからないサプリや薬に手を出すのはよくない！ 口に入れるものは信頼できるものだけ♥」

その10 結果、"なんとなく"ではヤセられない…！
ヤセたい理由を明確にする！
「ヤセるためには芯になる理由が必要。そうじゃないとダイエットは成功しないから、なぜヤセたいかをハッキリさせてから挑むべき。そうすると自然とモチベもUPしていくよ」

モデルとして一人前になるためにキレイにヤセるのが最大の目標！

現在

- 身長 158cm
- 顔の縦幅 16.4cm
- 体重 45.8kg
- 横幅 12.5cm
- 首まわり 28.5cm
- 首の長さ 9cm
- 二の腕 22.8cm
- 腕の長さ 68.4cm
- バスト 76.2cm
- 横幅 20cm
- ウエスト 61.2cm
- 横幅 14.8cm
- 手首 12.5cm
- ヒップ 91.5cm
- 横幅 20cm
- 太もも 47.1cm
- 股下 77.5cm
- ふくらはぎ 32cm
- ひざ下 37.5cm
- 足首 19.9cm
- 靴のサイズ 23.5cm

「ひとつ目の目標の45kgに近づいたから、次は筋トレ。二の腕やお尻をもうちょっと引きしめたいし、ウエストにくびれもつくって、メリハリのあるボディーになりたい♥」

ダイエットのことを考えすぎてノイローゼぎみになってた

なちょすは食生活見直し!

「ヤセなきゃ!」というあせりからありとあらゆる食事制限ダイエットに手を出すも、正解を見いだせずプチパニック期に突入してた!!

いままでトライしたのは食事制限ばかりだった!!

ジムで運動だけじゃヤセないから食事制限でなんとかヤセようと思いつつ、いろいろトライするものの…。

0カロフード ダイエット

「0カロフードをメインにすれば、自然とカロリーが減ってヤセるはず♪ 名案やと思った♥」

➡ ネットの情報に惑わされた★
「0カロフードをネットで調べると不安になる情報がいっぱい出たからやめた」

朝フルーツ ダイエット

「朝フルーツはおいしいし、それでヤセるならラッキーやと思った♥ 最終的にバナナが定着した」

➡ 毎日同じものだけは精神的にNG!
「朝フルーツと豆腐、納豆ばかり食べてたら1週間で2kgもヤセたけど、病んだ」

青汁 ダイエット

「青汁は体にいいし、おいしいし、飲むだけやから簡単で、絶対いけるやろと思ってた!」

➡ お金がかかるからやむなく断念…!
「便通もよくなるし、消化もよくなったけど、お金がなくなるから続かなかった!」

お菓子だけ ダイエット

「地元にいるころはお菓子だけ食べてヤセてたから、もとの生活に戻せばヤセると思った」

➡ 体力が落ちて具合が悪くなった
「ゴロゴロしてたころと違って、活動するにはエネギーが足りなかった(汗)」

サラダオンリー ダイエット

「朝も昼も夜も…とにかくサラダづめ。ドレッシングもノンオイルにしてたよ!」

➡ 人生が楽しくないと気がついた!
「1週間で2kgヤセたけど食事がいちばんの楽しみやからツラくなってやめた!」

ムリばっかりしてるからリバウンドの連続というわけで…

ストレスなく食べながら空腹をコントロール!!

Let's Cook!

自炊も増えたし、栄養も考えてる♥

「みちょぱッのバースデーパーティーで、自分なりにごほうびやけど、炭水化物は控えた」

「外食でもかなり栄養を気にするようになった。見た目もキレイやし、写真映えも◎」

「1人でいるときに、冷蔵庫にある野菜でチャチャッと自炊したりするよ♥」

「おなかすいたけど、何も食べるものがないときは酵素かプロテインに頼る」

「家族でいも掘りに行ったときにつくったスイートポテト。さつまいもの自然な甘さに感動♥」

「友だちと遊んでるときに♡昼間限定で飲んでいい、って決めてるタピオカ♥」

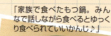
「家族で食べたもつ鍋。みんなで話しながら食べるとゆっくり食べられていいかんじ♪」

ヘルシーフードを攻略してキレイに女子力も格上げ♥

冬には冬の♥ヤセる！ Popteen Part1 モデルのダイエットヒストリー

酵素を味方につけてガマンをやめる これがなちょす流のダイエット♥

いちばん自信のあるパーツは「手首♥」

「食べる日と酵素の日のバランスを保つことで、好きな食べ物をガマンしなくてよくなった。ストレスもなくなったし、いまがベスト♥」

どんなに太っても、きゃしゃな手首が女子っぽくて好き！

「手首だけはどんなに太っても、細いまま♥ ほかの女のコと比べても唯一細いって自慢できる部分だから、自分のなかでも最強！」

体型キープ 1
毎日酵素を持ち歩いて空腹をコントロール！

「食べたいものが頭に浮かんでこないときや、おなかがそんなにすいてないときのごはんは酵素に置き換え。満腹感もカンペキ♥」

コスパよし、品質よし、クチコミよし…で選択★

「無添加でおいしくて、コスパも優秀な〝優光泉〟。水500mlと酵素30mlを混ぜたものをペットボトルに入れて飲んでる。私はすぐにのどがかわくから1回で1本、飲む！」

体型キープ 2
むかしの自分を見てモチベUP！

可愛い女のコの写真でも、モチベはUP

「細かったときの自分を見て〝あの日に戻りたい〟とか〝こんときむちゃくちゃ可愛かったやん！〟みたいなかんじで気分をあげる（笑）。見るのは高1のころの自分」

もうこの体型には戻りたくない…

Q. いちばん失敗したダイエットは？
A. 栄養をきちんととるダイエットで激太り！

バランスよく栄養をとったほうがヤセるってだれかに聞いて、それをうのみにして朝昼晩きちんと栄養をとっていたら、順調に太った（笑）。〝栄養をとるだけなら、簡単やん♥〟ってなんでもかんでも食べてたからあかんかったのかもやけど、これはただ太るだけ！

いままでにやったダイエットLIST
- 糖質OFF 〈成功〉
- 酵素ダイエット 〈成功〉
- 水だけダイエット 〈失敗〉
- お菓子だけダイエット
- ランニング 〈失敗〉
- 豆腐だけダイエット 〈失敗〉

Q. 食べすぎちゃったら、どうしてる？
A. おなかが空っぽになるまではコーヒーのみ♥

朝、起きてすぐにホットコーヒーを飲む。そうすると、前日の食べ物が便として出てくれるから♥ あとは、おなかが〝グー〟って鳴るまでは何も食べない。消化されてないものがたまると脂肪に変わるって聞いたから、完全に消化されるまではコーヒーだけ。

Q. 失敗から学んだものは？
A. 重く考えてもマイナスに働いてツラいだけ！

ダイエットしてヤセなきゃ…って思い込めば思い込むほど自分を追いつめて、メンタルコントロールができなくなってた。結局、ツラいことは続けることができないから、ダイエットはあまり重く考えすぎないこと。変にムリをしたり、ガマンしすぎるのは逆効果って学んだ。

よーし、楽しんでやるぐらいの気持ちが◎

POPモデルになって4年、数々のダイエットを経験してきたれいぽよ。「先輩モデルの意地を見せる!」べく、本気で美をいただく所存♥

に食欲が失せたのを機にダイエットを決意!

れいぽよの体型ヒストリー

ヤセなきゃと自分を追いつめて、ストレスが過大に…!

2016年9月号
水着撮影のために急激なダイエットをして必死…女のコ
「水着撮影があったら、食べないダイエットをしてたんこのあとすぐにリバウンドをするなんて気づいてもいなかったなぁ…」

2016年5月号
まわりと比べると太い?って、少し気になってた
「ダイエットしなきゃ…まではいかなかったけど、気になりだしていた。なのに撮影現場でのお弁当はいつも完食してたけど(笑)」

2015年5月号
ふつうに生活しているだけで細さをキープできた時代♥
「中3のときは何もしなくても細かった(笑)。まさにダイエットとは無縁。ただ、お菓子づくりぐらいしか取り柄がなかった…」

2018年5月号
とにかく太りまくったときダイエット企画の常連に!
「もともと丸顔だけど、これはヤバい(笑)。ダイエットとリバウンドをくり返していた病み期。もはやあきらめモードに突入していた」

2017年6月号
みちょぱの隣にならんで自分の未熟さを知る
「何をやってもうまくいかなくて、みちょぱッ!はなんでこんなにすごいんだろうって思った。気持ち的にはヤバくなる寸前だった…」

↓

結果、短期間でヤセてもすぐに戻るから時間をかけてヤセるべき!

もっとヤセて、キレイになって堂々と後輩を引っぱる存在になる♥

- 身長 156cm
- 体重 43kg **現在**
- 顔の縦幅 15.5cm
- 横幅 11.4cm
- 首まわり 28.7cm
- 首の長さ 7.5cm
- 二の腕 21cm
- 腕の長さ 63cm
- バスト 79.2cm
- 横幅 18cm
- ウエスト 57.8cm
- 横幅 12.6cm
- ヒップ 83.4cm
- 横幅 17.8cm
- 太もも 44cm
- 手首 14.7cm
- 股下 72cm
- ひざ下 37.4cm
- ふくらはぎ 30.7cm
- 足首 20.3cm
- 靴のサイズ 23.5cm

「後輩のモデルたちをしっかりと引っぱっていくためにも、もう二度と太りたくないし、太っちゃいけないって本気で思ってる。キレイにヤセるまではモデルだって自分自身でも認めないつもり!」

いろんなダイエットを経験したからこそ食べることは大切って思う♥

「POPモデルになってすぐのときは、ダイエットとか気にしてなかったんだけど、ダイエットを意識し始めたとたんに、体質が変わった。"ヤセなきゃ…"って毎日呪文のように唱えて、それがプレッシャーになって、最終的にストレスがたまって大爆発…みたいな(笑)。一時は、ごはんを食べるたびに吐いていたから、病院にも通ってたんだ。モデルって細くてあたりまえだから、いつどんなお仕事がきてもだいじょうぶなように準備できてない自分が本当に嫌だった。でもどうすればいいのかわからなくて病んで…。だけど、みちょぱッたちが卒業して、もっとしっかりヤセなきゃって思ってた矢先、今年の夏にタイミングよく食欲がなくなっちゃったの(笑)。だからヤセられるなら続けるしかない!って思った。ただ、過去の失敗もあるからこそ、短期間でダイエットをしようと決意。結局のところ、短期間でヤセても、

その効果が残せるのも短期間。だから、ヤセた体を長くキープしたいならダイエットも時間をかけてていねいにやらなくちゃってこと。そうやってヤセれば、まわりからホメられるようになって、それがうれしくてモチベもあがるから、もっとがんばろうってって思えて、何も変わらないって意味がないっていまは本気で考えてるの。だから、意識は高く、自分に厳しく、でもまわりと比べない。ヤセてキレイになって堂々といえるダイエットを続けていくよ。だって薬とかに頼って一時的にヤセても、後輩たちから尊敬してもらえないと思うから…。みんなに憧れてもらえるように、二度と太ることなく、理想のスタイルを手に入れたい。ま、本当は一生太らない体質になりたいってのが本音だけど、ね(笑)」

JK3 土屋怜菜（れいぽよ）チャンは夏

歯みがきをするような感覚で毎日続けられることが、マッサージ♥

「コロコロでのマッサージは日常になりすぎて、やらないと眠れないほど。やっぱりダイエットはムリなく続けられるのがいちばん」

体型キープ 1
週3の半身浴&毎日全身くまなくコロコロ!

腕

「二の腕がぷにぷにしているのが気になるから、ちょっと力を強めにしてコロコロをする。テレビを見ながらやってるから時間は適当♥ 心のなかで"細くなれ!"って念じながらやってる」

顔

「リファで顔のリンカクを10分くらいコロコロする。ほかのコロコロも試してみたけど、結果リファがいちばん肉に吸いついてくれるし、終わったあとに効果を感じられるから手放せない」

マッサージ汁に使うボディークリーム!

「マッサージのときにヴィクシーのボディークリームを塗るといい香りがするからモチベがあがる。使ってるのはココナッツパッション♥」

「半身浴をした日は体があたたまって脂肪がゆるんでいるから、もみほぐしマッサージも追加。両手で脂肪をつまむようなかんじでひたすらもみもみ★ これもちょっと痛いぐらいの力で!」

脚

「足首からふくらはぎにかけて、下から上にコロコロを10分やったら、太ももの表と裏も同じく10分ずつ! 脚はとくに細くしたいから念入りにやる。ちょっと痛いぐらいの力がベスト」

体型キープ 2
腹筋30回→ブルブルマシーン20分が毎日の日課!

おなかと脚を毎日コツコツと、鍛えたいから努力★

「お風呂のまえかあとにブルブルマシーンに乗るんだけど、これが見た目以上にキツくて、次の日に筋肉痛になったりする(笑)。腹筋と組み合わせて、日々の筋トレにしてる」

いちばん自信のあるパーツは「おへそ♥」

全体的にムチムチしているけどおへそだけは縦長で細い(笑)

「いろんな人から"へそがキレイだね"ってホメられるから、自分でもこのおへそはお気に入り。出べそでもないしね!(笑)」

Q. 気持ちが落ちたときは?
A. 寝て忘れるか友だちと遊びに出かける!

食べないダイエットをしていたときは、食べることでしかストレス解消ができなかったけどいまは違う。きちんと食べているから、気持ちが落ちても寝ればスッキリするし、友だちと遊べば、がんばろう!って思う。

いままでにやったダイエットLIST
- 朝フルーツ 〈成功〉
- ブルブルマシーン 〈成功〉
- 半身浴 〈成功〉
- とにかく食べないダイエット 〈失敗〉

体型キープ 3
寝るまえに豆乳を飲んで便秘解消!

足りない栄養は豆乳で♥ 次の日の朝は快便で絶好調

「サラダや豆腐中心の食事だと栄養が足りてないかも?と思って、寝るまえに豆乳を飲むことにしたの。そしたら、便秘が改善されて、いまでは快便! 飲む量はグラス1杯で OK」

Q. 理想の体型は?
A. ヘルシーでセクシーなダレノガレ明美サン♥

インスタをフォローしてるんだけど、どの角度から見ても細いし、健康的でカッコいい! 何を着ても似合う体って、こういうことだなって思う♥ あと、ちびぽぽッみたいなふわっとした女のコらしい体型も可愛くて、理想的。

「ダイエットで美しくヤセたい！」んだって★
っかり運動〟でストイックにヤセ中♡

パートナーのボンくんが一緒なら
いつでもがんばろうって思える♡

「4月生まれのボンくんは、私にとって大事なパートナー。ダイエットに疲れても、ボンくんを見れば癒やされるし、がんばれる！」

体型キープ 1
野菜中心＆21時以降は食べない!!

食べてから寝るまでの時間が短ければ短いだけ太る！

「食べてすぐ寝ると太るから、ごはんは夜9時まで。食べるものも野菜中心でカニカマを入れたりして味に変化をつけるとあきない」

体型キープ 2
たくさん歩く→筋トレをコツコツ積み重ね！

踏み台運動
「好きな音楽をかけながら、階段を使って踏み台運動！気分がのっているときは何曲もかけて、続けられるだけ続けるようにしてる」

基本の腹筋
「ひざをつけた状態で腕立てふせを15回×3セット。ひざをつけないとちょっとキツい…。二の腕と腹筋に効きめのある筋トレ♡」

ボンくんを抱っこしてスクワット
「ボンくんは重りにピッタリ(笑)。だっこしながらスクワットすると、さらに腹筋にきく気がするし、何より愛おしくて癒やされる！」

体型キープ 3
サプリの力も借りる♡

便秘かも…と思ったらすぐビフィズス菌サプリの出番

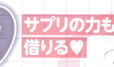

「たまに便秘ぎみになるから、そういうときは悠々館のLAKUBIっていうサプリに頼ってる。これを一日1錠飲むと、快便になる♡ 薬はお気に入りの缶ケースにまとめて入れてる！」

いままでにやったダイエットLIST
- たくさん歩く　**成功**
- ボンくんと散歩　**成功**
- サラダダイエット　**成功**
- 食べない＆飲まないダイエット　**失敗**

いちばん自信のあるパーツは「脚♡」

細いわけじゃないけど長さは…かなり好き！

「細さにはそこまで自信がないんだけど、小さいときから"脚長いね"っていわれてたから(笑)。形もまっすぐで、お気に入り」

Q. 食べすぎちゃったら、どうしてる？
A. 過剰にあせらないで運動 しかも、笑いながら！

食べすぎてあせっても仕方ないから、次の日にたくさん運動をする。なんで笑いながらかっていうと、病まないように(笑)。とりあえず形だけでも笑っておけば、脳がポジティブ思考になるかもと思って。だから、笑う！

Q. 失敗したダイエットは？
A. 食べない、動かないはストレスがたまるだけ

食べないとストレスがたまるし、続かないし、ムダに病むからいいことなし！ 一日1食だけっていうのもイライラしちゃうし、ダメ。こういうのは短期間でヤセるけど、またすぐにリバウンドするから怖い…！

Q. 気持ちが落ちたときは？
A. アンチコメントを見て強い自分を思い出す！

むかしの動画にきていたアンチコメントを見ると、いまより強かった自分がいたのでそれを思い出して、負けていられないって気合いが入る！ あとは、ママに話すのも気持ちが落ちたときの対処法のひとつ。

JK2 ねおチャン（ねおんつぇる）は愛犬ボンくんと一緒にシ

ねおんつぇるは責任感が強くて、マジメだからこそダイエットもストイック。「いまは健康的な

現在

- 身長 162cm
- 体重 45.9kg
- 首まわり 28.8cm
- 首の長さ 7.5cm
- バスト 74.3cm
- 横幅 17.7cm
- 二の腕 21.6cm
- 腕の長さ 65cm
- 顔の縦幅 16.5cm
- 横幅 12.3cm
- 手首 14cm
- ウエスト 57.9cm
- 横幅 12.2cm
- ヒップ 90.2cm
- 横幅 18.5cm
- 股下 76cm
- 太もも 43.8cm
- ひざ下 39.2cm
- ふくらはぎ 30.6cm
- 足首 20.6cm
- 靴のサイズ 23.5cm

追い込みすぎないダイエットで大きなお尻を小さくするのが理想

「体重はまだ安定しないし、何よりお尻コンプレックスから脱出したい！ ダイエットはやればちゃんと結果がついてくるってわかっているからこそ、がんばっていきたい★」

ねおんつぇるの体型ヒストリー

上京して太って自己嫌悪…からのダイエット、開始！

2018年5月号「ダイエットのことはあまり考えてなかったけど、顔が丸いのが嫌で、髪でサイドを隠してたし、アップヘアにすることはほぼゼロ！」

2018年6月号 念願の専属デビュー！だけど内心はドキドキ…「撮影の日までに絶対ヤセるつもりだったのに、思いどおりにいかなくて後悔してた。だから太ももパンパンで、納得いってなかった」

2018年7月号 髪を切ったことがあだとなり余計に太って見えた時期「いろいろ悩んでたからイメチェンしたくて髪を切ったら、似合わなくてもっと悩むことに(笑)。体型も不安定だった…」

2018年11月号 ダイエットがうまくいって最近ヤセ始めてきた「いまやっているダイエットをし始めたとき。明らかに顔のリンカクがほっそりしてる気がする。でもまだまだだから、これからも続けるよ！」

太ったり、ヤセたりをくり返して不健康に…

2018年9月号「いろんな体重を行ききしてた迷走時代。ダイエットをしてはリバウンドして…ってかんじで、うまくいかないことにモヤモヤしてた」

急激なダイエットは、ストレスの原因！あきずに続けることが課題

ヤセたいけど病みたくない

「小さいころは太ったことがなくて、むしろガリガリ(笑)。3歳から中2までは、ダンスに夢中にとにかく楽しくてあまり食べてなかったからかもしれないけど。太りだしたのは鹿児島に住んでいて、わりとよく歩いていたし、運動もしてたのに、東京にきたら動画の仕事もあって、外に出る機会が減って、なのにごはんにきく回数は増えて…。それで、体質が変わったんだと思う。でも、最大に太ったのは専属モデルの仕事をしてから。プレッシャーとストレスがすごくて、食べることでしか解消できなかったの。ただ、やっぱりそんな甘いことはいってられなくて、本気でがんばるんだったらヤセなくちゃって思い始めた。そこからは、運動量を増やしてサラダが多めの食生活にチェンジ。食べないダイエットは意味がないっていうのは経験でわかっていたから、週に1度はお肉やお米を食べていいごほうび日もつくるようにした。

自分にきちんとした自信をつけるため

運動はもともと嫌いじゃないし、ボンくんを飼ってからは散歩がとにかく楽しくて♥ねおの場合、ストレスが太る原因だから、ムダに"ダイエットしなきゃ"ってやぶやくこともやめて、日々続けられることをやって、キレイにヤセられたらいいじゃんって思うようにしてる。ダイエットに成功するとみんなホメてくれるし、自分の写真を見てモチベもあがるから、いまのほどよいダイエット生活は続けていきたい。ただ、完全なあき性だから、それをなんとかしなくちゃっていうのが最大の課題。キレイにヤセることができたら、体のラインがはっきり出る服を着て、ファッションページをやりたい。いままでとは違う自分を見せたいの。ダイエットは日々続けていれば追い込まれる心配もないから、それを教訓にコツコツ努力あるのみ！ ボンくんがそばにいてくれるから、いま以上にがんばれるって気がしてるし、ね♥」

JKサバイバルで最下位、そして復活後にデブ期に突入するも自分に合うダイエットでヤセた、ほのばび。「ムリは厳禁！」が合言葉♥

変わったら、見た目もどんどんキラキラしてきた♥

ほのばびの体型ヒストリー

専属になったよろこびとプレッシャーで体重が増減！

2018年2月号
ヒョウ柄ファーで顔がまるくてパンパン！出番もだんだん減る…
「なんで出番が減ってんのやろって思ってたんやけど、太ってるからや！っていまならわかる（笑）。でも当時は気づいてなかった」

2017年10月号
専属になってからまわりと比べてしまう時期に突入
「専属になってうれしかったけど、まわりと比べると自分って太いなぁって思うように…。でも本気でヤセようとは思ってなかった」

2017年9月号
このころは自分が太るとか夢にも思っていなかった…
「このころはジムに、たまに行ってたけど、ダイエットは気にしてなかった。ってか、なによりも髪とか服とかいま見るとヤバい！」

2018年8月号
JKサバイバルの最下位で2か月休んで華麗に復活
「この企画で上位に入らなきゃっていうストレスで太り始めてた…。結局は2位になれたからよかったけど、太ももが太い！」

2018年6月号
「休み中はジムに通って、正しいダイエットをしてヤセた。自分への意識も変わって、逆に最下位になってよかったって思った！」

↓

ポジティブになればヤセて自信もつく！
いまはダイエットも楽しい♥

現在

- 身長 158cm
- 顔の縦幅 14.3cm
- 体重 43.3kg
- 横幅 12.3cm
- 首まわり 29.3cm
- 首の長さ 6cm
- バスト 74.8cm
- 横幅 16.2cm
- 二の腕 24.4cm
- 腕の長さ 62.7cm
- 手首 13.6cm
- ヒップ 85.8cm
- 横幅 16.3cm
- ウエスト 57cm
- 横幅 12.2cm
- 太もも 42.7cm
- 股下 70cm
- ふくらはぎ 31.3cm
- ひざ下 37.5cm
- 足首 20cm
- 靴のサイズ 24cm

いつか、ピン表紙を飾るために最大限キレイなスタイルでいたい！

「体重も落ちて、スッキリしてきたけど自分的には太ももがまだまだ…かな。自信をもってピン表紙ができるように、もっと引きしめて、ポージングもがんばっていくつもり」

ダイエットは大きな目標への第一歩！体を引きしめてがんばりたい

「もともとはヤセやすい体質で、専属モデルになるまではダイエットとか正直考えたこともなかった。でも、モデルになって、みちょ〜とか先輩モデルと同じページに出るようになって自分の太さが気になって…。それでも本気でダイエットする気にはなれなかったんやけど、今年の夏に編集部の人に〝むっちりしない？〟っていわれてはじめて真剣にダイエットしないとって思い始めた。それまでのダイエットはファスティングとか短期間でどうにかしようとしてたけど、それは逆効果で…。やっぱり食べないダイエットはあかん、って実感せざるをえなかった。だからいまは、食事制限はしてなくて、一日の食事を5回とかに分けるとか、たくさん歩くとかで43kgまで体重を落とせた。短期間ってわけじゃないけど、そのぶんストレスもないから私には向いてる！ヤセてからは自分に自信がついて、もうとこうなりたい！っていう気持ちが強まってきた気がする。まえは、だれかと自分を比べて、あのコよりこうなりたいって考えてたけど…〝が大事！まわりと比べても仕方がないことに気づいた。それはJKサバイバルで最下位になったからこそたどり着いた答え。だから、いまは最下位に感謝すらしてる！考え方が変わって、自分らしくヤセることができて、自信がついたからこそ、夢に向かって進める自分になれたからね。最大の目標はやっぱりピン表紙。そのためにはどんな服でも着こなせるモデルにならなくちゃ…って思ってる。ツライことがあったからこそ、もう後ろはふり向かへん。目標に向かって気持ちをポジティブにするためにもいまのダイエットは続けるで。キレイに成長していく〝浪花ほのか〟を見守ってほしい♥」

Honobabi

浪花ほのかチャンは内面が

JK2

太ももをもっと引きしめたいから歩道橋や駅の階段を、有効活用★

「歩けば歩くほど、脚がほどよく引きしまるから階段はお役立ち。キツいときもあるけど、歩道橋を見つけたら、なるべく上る！」

体型キープ1　一日に食事を5回に分ける

1食分のカロリーを抑えてヤセやすい体質にシフト★

「おにぎりも一度に全部食べるんじゃなくて、何回かに分ける♥ あとはゆでたまごと、野菜、サラダチキンとかなるべくカロリーの少ないものを選ぶけど、お菓子も食べるよ！」

体型キープ2　太ももを細くするために歩く！

「極力、脚を細くしたいからたくさん歩くようにしてる！ あと2cm細くしたいねん♥ 歩き方にもこだわりがあるよ」

踏み台昇降
「家の階段を使って、踏み台昇降もするよ。階段を3段上ったら、3段下りる。これをつま先立ちの状態でやるだけ。ひまなときにいつもやる♥」

スマホをいじりながらも太もも上げ
「ひざが90度になるまで、太もも上げ運動。左右交互に疲れるまでやる★ スマホを見ながらだったら、15分くらい続けられる」

体型キープ3　食べすぎたら1時間の全身浴でリセット！

全身浴を長時間すれば汗も出てカロリー消費！

「食べすぎたら次の日は食べない…とかじゃなくて、43度のお湯に1時間くらい入って汗をだくだくかく。あとは犬の散歩の時間を増やしたり♥ 動くことで、リセットするよ」

キュッとほどよく、くびれている細めのウエストがベストパーツ♥

いちばん自信のあるパーツは「ウエスト♥」

「どんなに太ってもウエストだけは細いから、だいぶ気に入ってる♥ ちょっとむちっとしてるのにくびれはちゃんとあって、ほどよいかんじ♪」

いままでにやったダイエットLIST

- 週3ジム通い 　成功
- 3食しっかりとる 成功
- とにかく歩く 　成功
- ファスティング 失敗

Q. 理想の体型は？
A. 究極の理想はローラサンぷるんとしたお尻が♥

ローラサンのぷるんっと上がったお尻が好き。あそこまでいくにはかなりの筋トレが必要そうだけど…。ガリガリなのは好きじゃなくて、太ももや二の腕はむちっとしてるぐらいがいいから、のあにゃんの体型も理想的♥

Q. 気持ちが落ちたときは？
A. そのとき食べたいものをママにつくってもらう

気持ちが落ちたらムリをせず好きなものを食べる。私の場合、ママに韓国料理とかグラタンとか、とにかくカロリーを気にしないで好物をオーダーする♥ 食事制限をしているわけじゃないからたまにはいいと思う！

Q. いちばん太ってたときの原因は？
A. ファスティングをしてまさかのリバウンド！

ファスティングダイエットをしたら、ちょっと食べただけでも太る体質になっちゃって、気づいたら47kgになってた…。そしたら、編集部の人に"なんか太った？"っていわれて(笑)。それが今年の夏の話…！

資のひとつ。いかにストレスをためないかが大事!

つつ量をコントロールして甘党キープ♥

体型キープ1
好きなものはガマンせず、夜を軽めに!

大好きなお肉とタピオカは食べたいときに食べる♥

「好きなものをガマンすると体に毒だから、なるべく昼に食べるようにして、量も調節。それと、夜は軽めに…。ちなみにお肉、ピザ、ハンバーガー、タピオカ、パフェが大好物」

体型キープ2
毎日40分以上の全身浴とマッサージ!

グリグリほぐすときはのにゃんポーズ★

親指と人さし指の間のフチ部分でリンパ流し

「ヴェレダのホワイトバーチのオイルは、本当にオススメ♥ これを使ってマッサージをすると、次の日に脚がスッキリしてて、肌もなめらかに」

高カロリーな食べ物が好きだけど腹六分目で抑えれば、だいじょうぶ♥

「足全体にオイルを塗ってから、手をグーにして足の甲をまずはグリグリとほぐすよ。ちょっと痛い…って思うぐらいに強めの力でほぐすのがコツ」

「足の甲がほぐれてきたら、次はふくらはぎ! グーの手で上に向かってお肉を押し上げつつ、脂肪をつぶす感覚で強めにゴリゴリするよ!」

「ほぐし終わったら、リンパを流して終了。リンパを流すときは、手をパーにして親指と人さし指の間で下から上に向けて、お肉をぎゅーっと流すかんじで!」

「最後は太もも★ ひざから太もものつけ根に向けて、グーの手でグリグリする。太ももの表と裏をとくに集中的に♥ 甲から太ももまでで、だいたい10分」

「好きなものを食べれるなんて、ストレス以外の何ものでもない! もちろん食べすぎると太るから、量は腹六分目でストップするよ」

いままでにやったダイエットLIST
- 40分以上お湯につかる 【成功】
- 好きなものは量を減らす 【成功】
- 夜は軽め 【成功】
- ファスティング 【失敗】

いちばん自信のあるパーツは「脚♥」

スラーッとまっすぐ伸びてる脚が好きだからこそケアもきちんと♥

Q. 失敗から学んだものは?
A. 食べたいからじゃなく空腹になったら食べる
ケーキが食べたいから食べるんじゃなくて、おなかがすいたからケーキを食べるっていう順番が大事。おなかがすいているのにガマンするのはストレスだけど、すいてもいないのに食べるのは太る原因! これを守れば食べすぎない。

Q. 失敗したダイエットは?
A. ファスティングでストレス太り…!
ファスティングをして食べなかったら、顔がすごいむくんじゃった。乃愛にとって食べることは日々の楽しみだから、食べないのはすごいストレス。気持ちがウーッてもんもんとして、結果顔がむくむっていう最悪の結果になった。

Q. 食べすぎちゃったらどうしてる?
A. 8時間、固形物は禁止 飲み物オンリーにする
あまり食べすぎることはないけど、もしそうなったら、8時間は固形物を食べない。お水かお茶か果汁100%のジュースだけ。そうするとおなかが目に見えてぺったんこになるから、それを確認してから次の食べ物を食べる。

「ヤセるときは脚からヤセてくれるから好き! 形もむかしからまっすぐ! 好きだからこそ脚は大事にしていて、毎日ケアしてる」

18

冬には冬の♥ヤセる！ Popteen Part1 モデルのダイエットヒストリー

JK2 鶴嶋乃愛チャン(のあにゃん)は好きなものは食べる

「自分に投資するのが好き♥」と話すのあにゃんにとって、ダイエットは投資

現在
- 身長 163cm
- 体重 44.3kg
- 顔の縦幅 16.7cm
- 横幅 12.4cm
- 首まわり 29cm
- 首の長さ 9cm
- バスト 78cm
- 横幅 16.5cm
- 二の腕 21.6cm
- 腕の長さ 69.5cm
- ウエスト 59cm
- 横幅 12.8cm
- ヒップ 88cm
- 横幅 19.4cm
- 手首 13.9cm
- 太もも 44.5cm
- 股下 76.9cm
- ひざ下 37.4cm
- ふくらはぎ 30.6cm
- 足首 19.5cm
- 靴のサイズ 23.5cm

ダイエットは、可愛くなるための自分への投資と思えばツラくない♥

「よくエロみのある体型っていわれるんだけど、男子ウケするらしいから嫌じゃない(笑)。でも、もうちょっと顔とおなかがキュッとしてくれたほうがうれしいかな」

のあにゃんの体型ヒストリー

体重はあまり変化ないけど年齢とともにお肉が落ちてる

2017年3月号 食べることが好きになってぷくぷくし始めた時期
「冬だからたくさん食べなきゃって思って、ごはんもお菓子もよく食べてた。だから、このへんからイッキに太り始めた気がする」

8/9 2016年9月号 おしゃれに迷走してたし甘いものばかり食べてた
「このときはコンビニのスイーツを5個くらい買って夕ごはんの代わりにしてた。おしゃれに迷走していて、服があまり好きじゃなかった」

2016年4月号 幼くって、髪が長くって顔が…まんまる(笑)
「いまと体重は変わらないけど、お肉のついてる場所がいまとは違う。とにかく顔がパンパンで、それがコンプレックスだった」

2018年7月号 やっと満足できるバランスのいいボディー
「これはお気に入りのページ♥ はじめてのピン企画だったし、へそ出しカットもあったから便秘をしないようにヨーグルトを食べていた」

2017年6月号 太った自分に反省してヤセようと強く、決意！
「すごく太っちゃったから、ダイエットのために納豆や豆腐ばかり食べてた。あと、太陽の光を浴びたくなくて家から外に出てなかった(笑)」

いいかんじに体型が安定してきたからこのままの生活を続ける♥

これ以上でも、これ以下でもない…いまがベストなんだと思う！

「最近"ヤセたね"ってよくいわれるんだけど、基本的に中2から体重は変化してない。たぶんお肉がつく部分が変わっただけだと思う。中3の冬に一度太って、50kg近くまでいったことがあるんだけど、そのときは変な食ベグセがついてた。クリスマスとかお正月でごちそうがあるから、いま食べないともったいない！って思っちゃって(笑)。一度たくさん食べると胃が大きくなるからどんどん食べられるようになっちゃう…。基本的に食べることが好きだから、いまもいろいろやってるけど、食べないと気持ち悪くなるから、好きなものを食べて量を調節するっていうのが乃愛にはいちばん合ってる。ダイエットもいろいろやったけど、食べなきゃいいっていうのやり方が乃愛にはいちばんきだから。例えば、夜ごはんが外食なら、その日は朝か昼きなものを食べていいならストレスにもなりにくいし、続けられる♪ それにもともと白米が好きじゃないから、食べるといっても、おかずだけで、自分ではそこまでガマンしてるっていう気持ちはないの。理想とする体型は、ブラックピンクのロゼジャ。あれぐらい細くなりたい、本当に。でも体質的にムリだってわかってるし、乃愛の体型をいいっていってくれるコもいるから、自分の体型を生かして可愛くなれたらいいっていって思うようにしてる。ダイエットは、自己投資みたいなもので、可愛くなるためのひとつの手段だからストレスをためるとか台なし。だからこのやり方を変えたくないし、おなかがすけば夜中でもアイスを食べる。いつも腹六分目を意識してたら太ることもないし！乃愛は年齢とともにヤセていくタイプだと思うから、そこまであせらず、いまできることを一生懸命やるだけ。おなかをもう少しキュッとさせたいし、そうなれるエクササイズは見つけてる。できることをやらないと可愛くなるための投資にはならないから♥」

ストイックなダイエットは続けられない、ちゃんえな。「毎食バランスよく♥」を中学生のころから続けていまのスタイルをキープ。

"毎日コツコツ"を続けて美を定期預金中!

ちゃんえなの体型ヒストリー

細ければそれでいいと思って、とくに努力してなかった

2017年3月号 「このときは本当に甘いものを食べてなかった。ガマンというよりも好きじゃなかったの。運動もしてなくて、美への意識も低かった」

2016年9月号 「ちょっと太りやすくなった体質が変化。3食バランスよく食べてた。このとき色気がない、っていわれてたのも覚えてる(笑)」

2016年3月号 「すごいGAL(笑)。中3のときは何をしても太らなかったからダイエットのことは気にしてなかった。ただ細いだけってかんじ」

2017年12月号 「蓮くんとつき合ってからメイクや服の系統が変わって、GALからガーリーに。スタイルがよく見える服選びもこのときから♥」

2017年8月号 「体型はいまと変わってないけど、自分のキャラに迷走してた…。どうしたら人気が出るんだろうって悩んでて、未来が見えなかった!」

↓

ガッツリ特別なダイエットじゃなくて日々の努力が美につながる♥

現在

いまの生活を続けながらめざすのはメリハリのあるマシュマロボディー♥

- 身長 157cm
- 体重 38.9kg
- 顔の縦幅 16cm
- 横幅 12.1cm
- 首まわり 28.8cm
- 首の長さ 8.8cm
- 二の腕 21.7cm
- 腕の長さ 66.2cm
- 手首 13.9cm
- バスト 74cm / 横幅 16.4cm
- ウエスト 57.8cm / 横幅 12.2cm
- ヒップ 84.5cm / 横幅 18.5cm
- 股下 73cm
- 太もも 42.5cm
- ひざ下 36.4cm
- ふくらはぎ 30.5cm
- 足首 18.5cm
- 靴のサイズ 22.5cm

おしゃれやメイク系統も変わったけど美への意識も進化した♥

「ダイエットって、女のことして生まれてきたからには意識せずにはいられないけど、私の場合、ストイックなものは続けられないから、地道にコツコツ派。毎日3食バランスよく食べるのと、簡単なマッサージは中学生のときから続けてるよ。食べないとストレスもたまるし、ちょっとでも食べると脳が太るって錯覚して、結果リバウンドしちゃって悪循環。だから、食べすぎたなーと思った次の日でも3食は絶対に食べるようにしてる。もちろん、炭水化物は少なめに…とか調整はするけど、食べすぎてもあせらないことが大事♥ これを続けたおかげでいまっていうまで太ることはなかったけど、恋をするまではただ細ければいいって思ってた。それが、蓮くんとつき合うようになって、メリハリのある女のコらしい体になりたいって思うようになったの♥ だから、スクワットを日々の生活にプラスするようになったの。10回から始めればムリなく続けられるし、やっても筋肉がつきすぎるわけじゃないから私にはピッタリ。ちなみにいまのコンプレックスは、くびれのないおなか。だからフラフープでも始めてみようかな…と考えているところ。太りにくい体質になってることに尽きるダイエットって継続は力なり!これにはごほうびとして好きに食べることをみんなに伝えたい!あと、甘いものもたまに食べるのも大切。それも1回食べたから太るってことは絶対にないし、ストレスをためないためにも息抜きは必要だし。だから私も大好きなタピオカはガマンしないで食べる♥ これからもいまの生活は続けて、もっともっと可愛くなりたい。だからこそ次はダイエットよりもメリハリづくりに重点をおきたい。とりあえずくびれをつくって、そのあとは胸を大きくする食べ物の勉強でもしようかな(笑)」

「体重とか細さには不満はないんだけど、引きしまってるとはいえないかな…。胸とお尻がないのもコンプレックス。細くするよりも、メリハリをつけることがいまの課題!」

JK3 中野恵那チャン(ちゃんえな)は

いままで太る時期をつくらなかった自分を自分でホメてあげたい♥

「毎日3食きちんと食べて、適度に運動する…これを続けられたから、いまがある。太らず安定していたのは自分でもえらいと思う♪」

体型キープ1
飲み物で糖分をとらない!

水か烏龍茶か黒烏龍茶で水分補給をおこたらない!

「本当はタピオカとコーラが大好きだけど、ガマン! 水はたくさん飲んだほうが体の中がキレイになるって聞いたから、のどがかわいてなくてもなるべく飲むように意識する」

体型キープ2
夜ごはんは20時までにすませる!

ある日♥

「基本、夜ごはんは20時までで、撮影まえの1週間は18時まで。健康的な食事の条件は、お米とおみそ汁と魚とサラダ! 外食するときもなるべく定食屋でバランスよく食べるよ」

体型キープ3
なんだかんだスクワットが効果テキメン!

「私の理想とする女性的な体づくりにはスクワットがいいって、蓮ヶ汐が教えてくれたの♥ ポイントは細くしたいところを意識して、力を入れること。お風呂あがりに毎日30回やるよ!」

いままでにやったダイエットLIST

- 目に見える油脂はとらない 【成功】
- 全身マッサージ 【成功】
- 白湯(さゆ)を飲む 【成功】
- スクワット一日30回 【成功】
- 食べないダイエット 【失敗】

いちばん自信のあるパーツは「脚♥」

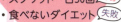

ガリガリじゃないけど細いから自分のなかでけっこうお気に入り♥

「むかしから脚は太りにくいし、太ももが細いってよくほめられる♪ 筋肉はついてないけどそれはあえて! 脚に筋肉はつけたくない♥」

Q. 失敗したダイエットは?
A. ただ食べないだけの短期集中型ダイエット

「食べなければ一時的にヤセるけど、すぐ戻るし、ストレスもたまる…。1度、食べないダイエットをしたんやけど、水を飲んだだけでも体重が増えたから、私の体質には合わないって実感した。やっぱり食べるのは必要!」

Q. 理想の体型は?
A. 白石麻衣サンみたいなメリハリのある体型!

全体的には細いけど、胸とかお尻とか、つくべきところにはお肉がついているのが理想! それでいて、ウエストはちゃんとくびれてる…みたいな♥ 女のコらしいやわらかそうな体型がいいから、余計な筋肉はつけたくない。

体型キープ4
ごぼうを毎日食べる♥

ごぼうを取り入れるだけでお通じがよくなるよ

「一日1食でいいから、ごぼうを食べると快便なうえに、代謝もよくなる♥ スーパーのきんぴらでもいいし、本当にちょっと取り入れるだけで違うから試す価値あり」

冬には冬の♡ヤセる！ Popteen Part1 モデルのダイエットヒストリー

JK2 古川優奈チャン（ゆうちゃみ）は高身長ならではの悩

「ママの意見とPopteenの撮影がダイエットのモチベ！」と語る、ゆうち

背が高いからこそ、細くありたい筋肉のあるしなやかな体が理想！

- 身長（現在） 174.5cm
- 体重 55.4kg
- 首まわり 32.8cm
- 首の長さ 9cm
- 二の腕 24.3cm
- 腕の長さ 66.7cm
- 手首 13.8cm
- ウエスト 65.7cm / 横幅 14.7cm
- 股下 83.3cm
- ひざ下 45.6cm
- 足首 21cm
- 靴のサイズ 24.5cm
- 顔の縦幅 17.0cm / 横幅 12.3cm
- バスト 85.7cm / 横幅 21.2cm
- ヒップ 94.7cm / 横幅 19.4cm
- 太もも 47cm
- ふくらはぎ 32.2cm

「体重は減ってきているけど、筋肉が足りない…。みちょぱみたいな筋肉のついたキレイなスタイルになるためにも、もっとジムに行かないと！ 体重よりもいまは筋肉重視」

ゆうちゃみの体型ヒストリー

レギュラーモデルになってからダイエットも本格的に★

- **2018年8月号**「ママに"ヤセろ、ヤセろ"でいわれすぎてまたストレス太り（笑）。せっかく好きなレギュラーモデル2位になれたのに台なし！」
- **2018年7月号**「ほかのモデルさんたちが細いからヤセなきゃって焦っちゃって、撮影まえにジムで揚げ物でストレス発散をしてたら、体重は56kgに！」
- **2018年6月号**「初登場だから気合い十分。体重もかなり落としてた★」
- **2018年11月号**「一緒に出てるモデルさんたちに比べて、脚が太いって気になってた時期。夏も終わって、少し油断しちゃってたのかもしれない…」
- **2018年9月号**「この企画のためにダイエットをして、ジムに行く回数も増やした♡ 好きなカットにも入ってたし、ヤセてよかったと心底思った」

↓

ムリに食べずにヤセるのは絶対にNG！
ヤセるなら、動いてナンボ

みちょぱに憧れて、ヤセたいって本気で思うようになった！

「小学生のころまではガリガリだったのに、中学生になって体重がブクブク太ってきて、高1で体重の最大値をむかえたのが、ダイエットを始めたきっかけ。さらに高2でPopteenのレギュモになって、みちょぱを生で見たときに『このままじゃアカン！』ってヤセなきゃいけないことを真剣に自覚した。ジムにも通って、夜は毎日家族とウォーキングに出かけて、食事制限も可能な限りして、ムリに食事制限をするから、3日間で3kgぐらい落ちるんだけど、すぐにリバウンドをするからニ度としないと決意。いまは、一日2食で、おにぎりと鶏肉の塩焼きとかカロリーの少ないものを選ぶようにしてるぐらい。レギュモになるまえは、自分のためにヤセてたけど、なってからはファンの人たちの期待を裏切りたくないっていう気持ちが強い！ そうやってダイエットにも若いうちにキレイな体でいたいし！そうやってダイエットの

Popteenのレギュモに選ばれるし、ヤセられる。いまの私にとって、Popteenは撮影でモチベがあがるんだけど、大阪に帰るとすぐ油断しちゃうクセをなくしたい！ 東京と大阪のギャップをなくすのがいまの課題だと思うから、専属モデルになることを目標に絶対もっと引きしめる…って宣言する！」

長身ゆうちゃみのダイエット企画とかつくってくれないかなって心のなかで思ってる（笑）。なってもっと努力してキレイな自分で登場するためにも、もっとヤセてキレイな自分で登場するためにも絶対に専属モデルになりたいから、そのときに絶対にひそかに思ってる（笑）。Popteenがあるからもがんばれるし、ヤセられる。いつか絶対に専属モデルになりたいから、48kgぐらいまで落としたい。

ダイエットテク

▶▶動く!!
食事制限が苦手なら動け!!

動く…とはいえ、運動まではいかない簡単テクばかり♥ 毎日コツコツと続けることが成功のヒケツ。

動きまくって体が疲れれば食べる量も自然に減少!!

東海林クレアチャン 〈くれたん発〉
週に3回 4kmランニング
「夜ごはんのまえに、ゆっくり30分走る! がんばったぶん、食べすぎないようにしようって思える」

中村りおんチャン 〈りぃたむ発〉
プランクを一日5分
「ヒマな時間はプランクで体幹を鍛えてる。撮影まえは1分を5セットやって、おなかを引きしめる」

〈のあにゃん発〉
地元では自転車移動
「通学のときに15〜20分、毎日自転車に乗ってるよ。坂道もけっこうあるから、いい運動になってる♥」

〈らにゃ発〉
寝るまえにゴキブリ体操
「さかさまになったゴキブリになったつもりで、手足をバタバタ! 筋肉がほぐれて、全身運動にもなる」

〈あいりる発〉
ストレッチをする
→「立ったまま、足の甲を体の後ろで持って1分キープ。こうすると前もものの筋肉が伸びるよ」

古田愛理チャン
↑「体全身をストレッチしたいときはブリッジ★ ちょっとつらいけど、10秒キープでがんばる!!」

〈ゆうちゃみ発〉
スクワットをする
「壁に背中と両手のひらをつけて、スクワット。壁を使うことでおなかに力が入るよ。毎日2〜3セットはやる!!」

〈めるる発〉
二の腕を鍛えるバスタオルエクササイズ
「タオルの両はしを両手で引っぱりながら持ち、頭の後ろで上げ下げ。1分間やると二の腕がプルプル!!」

〈のんたん発〉
なわとびをする
「前とび、後ろとび、交差とびをミックスさせて全部で300回。あいてる時間を見つけて毎日やってる」

鈴木美羽チャン 〈みうぴよ発〉
歩くときは大またで!
「大またで歩くことで、ふだん使わない筋肉が鍛えられるって本で読んだの。だから基本大また歩き!」

↑「右ひざを前に出して立て、左の足の甲は右手でお尻につけるように引っぱって1分キープ。左右同様に!」

▶▶食べる!!
食べ物&食べ方を工夫する

食べ方や食べ物で摂取カロリーを調整するのもダイエットの定番。栄養素を考えて、健康的に努力!

〈くれたん発〉
間食したくなったらフルーツ
「お菓子を食べるよりもカロリーが低いし、健康的でしょ! よく食べるのは、冷凍のラズベリーとりんご♥」

〈れいぽよ発〉
食べすぎた翌日はヨーグルトだけ
「昼ごはんと夜ごはんをヨーグルトだけにすれば、カロリーを抑えられるし、便通もよくなってスッキリ♥」

〈みうぴよ発〉
小さめのスプーンで食事する
「スプーンを口に運ぶ回数が多いほど、食べる罪悪感が増えるから!! ゆっくり食べるためにも効果的」

〈あいりる発〉
赤身肉を食べる
「赤身肉は脂肪を燃焼させるってジムの人に聞いたの。栄養価も高いから週1で食べる。味つけはこしょうのみ」

〈あやみん発〉
セロリを食べる
「セロリは低カロリーでダイエット向き。カロリー高めのマヨネーズをかけて食べるのが好き♥(笑)」

福山絢水チャン 丸山蘭奈チャン 〈らにゃ発〉
水をたくさん飲む
「常温のお水を一日に2Lペットボトル1本分飲むよ。おなかがすいてるときは炭酸水にしてる♪」

〈アンジェ発〉
夜ごはんは春雨
「ダイエット中の夜ごはんは春雨スープでガマン! いろんな味があるから、あきずに続けられる♥」

〈のんたん発〉
お米にもち麦をプラス
「お米が大好きだから、もち麦を入れてカロリーを抑えながらかさ増し。たっぷりと食べられる♥」

〈ねおんつぇる&ねりりん発〉
よくかんで食べる
「たくさんかむと、消化もよくなるんだよ♪」(ねりりん)「30回を目安に、とにかくかんで満腹感を高める」(ねおんつぇる)

生見愛瑠チャン 〈めるる発〉
たくさんかむから少量で満腹♥ 低カロだし最強!!
するめを食べて空腹をまぎらわす
「おなかがすいたら、するめをかむ! こんにゃく系は食べた気がしないけど、するめは満腹感が大きい」

モデルにダイエットはつきもの! そう、みんな日々努力しながらがんばっているのです♥ 目からウロコのテク満載だから、お見逃しなく!

撮影／清水通広(f-me)、伊藤翔[優奈、りおん分]、堤博之[絢水分]、原地達浩[乃愛分]

冬には冬の♥ヤセる！ Popteen Part1 モデルのダイエットヒストリー

\日課にしちゃえばラクチン/
▶▶習慣づける!!

ダイエットを日常生活に組み込めば、続けるのもイージー★ 忙しいJKたちにもオススメだよ！

\れいぽよ発/
うんちが出るまでトイレでゲーム

「ずっとトイレに座ってゲームをしていると、肛門が自然と開いてうんちが出やすくなる。最大2時間！」

きょうはうんち出ないな〜

フンッ!!!!
うぉぉぉぉ〜

しかたない、ゲームでもするか

2時間後…
出た〜♥

早く出てよー!!

ツボ押しアイマスクをつける
竹内鈴音チャン

「お風呂につかりながら、マスクを3分装着！ 上から押すとツボが刺激されて顔がスッキリする」

「ドンキホーテで約¥700だった、ネコ形のアイマスク。裏がデコボコしていて、目のまわりのツボを刺激してくれる」

湯船につかる
\くれたん発/
「42℃のお湯に10分間全身浴★ 蒸しタオルを顔にのせて毛穴を開けば、汚れも取れて美容効果が高い」

\あいりる発/
部屋をキレイに保つ

「部屋がちらかってると動かなくなるから!! 片づけるために体を動かせるし、部屋がキレイだと気分もいい」

\のんあにゃん発/
リンパマッサージをする

「血行をよくするために足裏のリンパを毎日ゴリゴリと流してるよ！ 痛気持ちいいぐらいの力でやる♪」

「両手の親指の腹を使って、足裏全体をまんべんなくもみほぐしていく★」

「今度は、手をグーにして、ほぐれた足裏全体をゴリゴリと流していくよ！」

「最後に、足の指と指の間に手の指をからめて指と指の間もほぐしていく♪」

\リコリコ発/
授業中はあらゆるところを浮かせる
莉子チャン

「手や足を浮かせて、筋トレ！ プルプルしてきたら一度床につけるけど、基本は浮かせてるよ(笑)」

\ねりりん発/
\ねおんこえる発/
まるくんがマッサージをしてくれる

「バスケ歴8年の彼氏・まるくんは、先輩にマッサージをしていたから上手♥ 少し痛いときもあるけど！」

まるくん
いつももみほぐしてくれてありがとう♥

「グーにした手でふくらはぎを下から上に向かってほぐす。太ももも同じようにやる」

「両手の親指で、手のひらにあるツボをグイグイ刺激！ 手全体の筋肉がほぐれるよ」

\のんたん発/
カラオケで熱唱

「おなかの底から声を出すと、インナーマッスルに効果的♥ いつも大声で童謡の『ぞうさん』を歌う」
楠樺音チャン

\みうぴよ発/
窓に映る自分を見て体型チェック

「窓に映る自分は、他人から見た姿！ この角度から見ると太ってる…とかを客観的にチェックするよ★」

\めるる発/
鎖骨を刺激するマッサージ

①「人さし指と中指で、鎖骨の下を内側から外側に向けて流す。10回くらいくり返すよ！」

②「鎖骨と首の間のくぼみを、同じ2本指でグリグリと押してほぐす。これも10回ぐらいでOK」

\ちゃんえな発/
撮影のない日はスニーカーで歩く

「全身運動にするために腕も大きくふる(笑)。わざと遠回りをして歩く量を増やすから、ヒールじゃムリ!!」

\ゆうちゃみ発/
学校ではコルセットを巻く

「コルセットを巻いていると、ウエストが細く見える。しかも、おなかがすかないよ♪」

\POPモデル&レギュラーモデル/
すぐにマネできる簡単ネタから個性強すぎなインパクトネタまで！

モデルたちが全力でやってる

25

ヤセる！Popteen

冬には冬の♥

¥0で始める〝冬のヤセぐせ〟総まとめ!!

CONTENTS

P.2 ……… のあにゃん・ちゃんえな・なちょす Cover Girl Interview♡

Part 1 モデルのダイエットヒストリー
- P.8 なちょす 思い込みを捨てる！
- P.12 れいぽよ ブルブルマシーンでヤセ体質に
- P.14 ねおんつえる しっかり運動でストイック！
- P.16 ほのぱぴ 内面から変える！
- P.18 のあにゃん 食べたいものはガマンしない
- P.20 ちゃんえな コツコツ続けて安定ボディー
- P.22 ゆうちゃみ 高身長ならではの悩み

Part 2 ダイエットの始め方♥
- P.28 はじめてダイエット基本のキ！
- P.30 ヤセるのはどっち!?

Part 3 性格別ベストダイエット
- P.34 性格チェック表
- P.36 タイプA／マイペースさん
- P.38 タイプB／ストイックさん
- P.40 タイプC／ミーハーさん
- P.42 タイプD／引きこもりさん
- P.44 ダイエットタイプ別OK・NG

Part 4 冬から始める体質改善
- P.47 お風呂で体を洗いながらむくみOFF♥
- P.48 冬デブあるあるCHECK表!!
- P.50 冬こそ体温を上げてヤセる〝温活〟
- P.52 生活習慣でむくみとサヨナラ
- P.54 美姿勢になれば見た目が即ヤセ!!

Part 5 引きこもりヤセネタ♥
- P.58 グーチョキパーリンパマッサージ
- P.60 タイプ別♥ ゆるるん引きしめ筋トレ
- P.62 モデルが寝るまえにやってること

Part 6 冬の食事
- P.65 まずはカロリーについて学ぼう!!
- P.66 代謝力を上げるフード♥
- P.67 ふみふみが教える！スープジャー弁当
- P.68 食べてもヤセるってマジ!?
- P.70 お肉・卵・チーズを食べてヤセる!!
- P.72 玉ねぎヨーグルト＆ボリュームサラダ
- P.74 食べすぎを〝なかったことにする〟48時間スケジュール
- P.76 冬に食べたくなるものカロリー一覧表

Part 7 毎日の習慣
- P.80 曜日別運動プログラム
- P.82 ダンスで運動習慣
- P.84 冬のヤセ習慣30日ダイアリー!!

Part 8 部位別プログラム
- P.87 30日間スクワットチャレンジで下半身ヤセ!!
- P.88 5日間の集中トレーニング
- P.90 脚＆おなか部位別最強ダイエット
- P.92 冬の顔ヤセはお風呂あがりリンパマッサージ

Part 9 学校でできるヤセぐせ
- P.95 JK&JCのダイエットエピソード
- P.96 学校でできる4コマストレッチ
- P.98 真冬のヤセ見え制服ルール♥
- P.100 モデルが朝可愛くなるためにやってること
- P.101 小顔見え2コ1学校ヘアアレ

Part 10 みんなのダイエットランキング
- P.104 成功者に聞いたリアルダイエットランキング
- P.106 話題のダイエット1週間チャレンジランキング
- P.108 楽して成果の出るヤセ活まとめ♥
- P.110 注目No.1ネクストワード肛筋

Part 11 サギ見せ♥
- P.112 身長別♥ 私服ルール大発表
- P.114 冬の見た目マイナス3kgコーデ術
- P.116 ー5kgをかなえる即ヤセメイクテク

Part 12 マインド
- P.120 10代から始めるヨガ
- P.122 美意識を改革したほのぱぴ！
- P.123 ダイエットJKがたどりついた成功への道
- P.124 〔書き込み式〕目標数値＆体重折れ線グラフ
- P.126 〔書き込み式〕食べたもの＆運動記録ノート

まずは、ダイエットの基本をお勉強しよ♡

Part 2
ダイエットの始め方♡

どうしたらヤセやすくなるの？

ダイエットにも向き不向きがあるの？

なんでリバウンドするの？

そもそもなんで太るの？

まずは何からやればいいの？

まずは、正しいダイエット知識を身につけて効率よく確実に結果につなげるべし！ダイエットの基本を教えちゃうよ♡

キャミソール¥1920、スカート¥3760／tomIcchuu　ソックス（3足セット）¥1080／チュチュアンナ　サンダル¥7236／LIZ LISA

撮影／堤博之　スタイリスト／tommy　ヘアメイク／YUZUKO　●掲載商品の問い合わせ先はP.128にあります。

ダイエットにまつわるウワサのウソ!?ホント!?

\まちがったダイエットはデブのもと!/

せっかくダイエットをがんばっていても、そもそも誤った情報だったら水の泡。なんとなく正しいと思っている、ちまたのウワサを検証しよう!!

ウワサ1 おへそにばんそうこうを貼るとヤセる。
△「東洋医学の"気"とツボ押しに基づいた方法だけど、医学的に証明されているわけではない」(新井先生)

ウワサ2 炭水化物抜きで肉だけ食べれば太らない!
×「炭水化物に含まれる糖質は体に必要な栄養素。肉ばかり食べていると腎機能が低下する可能性も!」(林先生)

ウワサ3 ごはんは野菜から食べたほうがいい。
○「炭水化物から食べると血糖値が上がり、脂肪になりやすい。野菜から食べることで血糖値の上昇がゆるやかに♪」(林先生)

ウワサ4 本当は3食、食べたほうがいい!
○「食事を抜くと、代謝の低下・便秘・吸収力が高まるなどヤセにくい体質になっていく。バナナひと口でもいいから何か口に入れたほうがよい」(林先生)

ウワサ5 走ると脚に筋肉がついていかつくなる。
×「正しいフォームで走ればバランスよく筋肉をつけられる。運動後のストレッチも忘れずに」(小林先生)

ウワサ6 暗い部屋で寝るとヤセる♥
○「明るい部屋と暗い部屋で寝る女性を比較すると、肥満リスクに21%の差が出たという実験データも!」(和田先生)

ウワサ7 食べてすぐ寝ると太る。
○「食べてすぐ睡眠に入ると脂肪をためこむことに…。ただし"約20分横になるだけ"ならOK」(和田先生)

比嘉延理理チャン

ウワサ8 水を一日に1ℓ飲むといい。
○「水分不足は便秘のもと。氷入りは冷えるので、常温の水や白湯(さゆ)をこまめにとろう★」(林先生)

ウワサ9 とりあえず腹筋を100回やれば細くなる!!
×「腹筋を鍛えることで体の引きしめにはつながるけど、脂肪を燃やすためには筋トレより有酸素運動が必要」(小林先生)

ウワサ10 0カロのものは食べ続けても太らない!
×「その食品自体が太りにくいのは確か。ただしそのぶんたくさん食べたり、食べ続けたりすると太りやすくなる」(林先生)

ウワサ11 食べる量を減らすと胃が小さくなる♥
×「少ない食事量になれて、脳が満腹と判断しているだけ!量を減らしても胃自体は小さくならない」(林先生)

ウワサ12 気持ち悪い画像を見ると食欲がおさまる。
△「"食欲が失せる"が正解。美と健康をつくる食事タイムを楽しむこともダイエットには必要♥」(和田先生)

ウワサ13 生理中はダイエットしてもムダ!
×「生理中、体重が落ちにくいのは事実。でも、それを理解してあせらず継続することが大切!」(和田先生)

ウワサ14 ストレスがたまると太る。
○「ストレスがたまり続けると、"おなかがすいている"と脳がカン違いする!!」(和田先生)

ウワサ15 ひねるとセルライトがつぶれる!
×「通常のダイエットで皮下脂肪が減れば目立たなくなるが、ひねるだけでは消えてくれません」(新井先生)

ウワサ16 お風呂は長時間入れば入るほどいい
×「長く入るなら40℃前後のお湯に20〜30分。長時間入ると皮脂がうばわれ、乾燥肌になる恐れあり」(和田先生)

ウワサ17 たくさん笑うとヤセる!
○「楽しい=リラックス状態だと食欲もコントロール可能。たくさん笑うことが成功のヒケツ!」(和田先生)

ウワサ18 口を大きく開いて「あ、い、う、え、お」というと小顔になれる。
○「ふだん使っている顔の筋肉は表情筋の約20%。意識的に顔を動かせば小顔に近づける」(和田先生)

ウワサ19 気になる部位はもむと細くなる!!
○「むくみが解消されて細くなることはある★ ただし皮下脂肪が燃焼して消えたわけではありません」(新井先生)

ウワサ20 脚を出して生活すると細くなる
○「緊張が得られ、座り方、歩き方、立ち姿勢が美しくなり、体のラインも整っていくよ♪」(和田先生)

ウワサ21 運動は20分以上続けないと効果がない。
×「10分運動、10分休憩、10分運動でもOK♪ 合計の運動時間が同じなら消費カロリーも一緒!」(小林先生)

ウワサ22 姿勢をよくするとヤセる。
○「姿勢をよくする習慣をつけると体幹が鍛えられ代謝もUP。ヤセやすい体質に♥」(和田先生)

\ ダイエット効果を高めるために知りたい!! /

ヤせるのはどっち!?

どっちを選んだらいいのか迷いやすい2つの選択肢。
どちらがより効果があるのか専門家にジャッジしてもらったよ。
参考にしてね！

リンパの流れをよくすると むくみも取れてスッキリ！

リンパ節はココ！

リンパ液の流れを活性化することで、体の中にたまっている余分な水分や老廃物の排出をうながすことが可能。

リンパ節は老廃物をろ過する重要な場所。とくに大事なリンパ節は、鎖骨、ワキの下、脚のつけ根、ひざ裏だよ。

リンパを流すときは末端からいちばん近くのリンパ節に向かって、むくみのもとである老廃物を流すこと！

リンパ流しの基本は、末端からいちばん近くのリンパ節に向かって、むくみのもとである老廃物を流すこと！

マッサージする手は
下から上へ or **上下往復**

〝下から上へ〟が基本。心臓に向けて体の末端から流すイメージで行なうから、上から下の部位もある♪

NO!!!

効果が高いのは
コロコロ or **手でもむ**

温めることができる点や力加減を調節できる点から手のほうが◎。手が疲れたらコロコロを使ってもOK！

小顔になりたいなら
朝 or **寝るまえ**
リンパ流し

いつでもOK。というか朝と夜の2回行なうのが効果的。リンパの流れのよい状態を習慣化させるのに役立つよ。
※力加減には気をつけて。

細くしたいなら
ねじる or **もむ**

刺激を与えてむくみを解消するならどちらも効果的。ただし脂肪を燃焼させるわけではない点に注意。

部活で帰りが遅くなったけど夜ごはんは
食べる or **食べない**

できれば18時ころにおにぎりなどの炭水化物をとって、帰宅後の食事ではおかずだけを食べる〝分食〟がオススメ！

マシなのは
ポテチ or **チョコ**

チョコには抗酸化作用のあるポリフェノールが含まれているのでポテチよりマシ。ただし一日2〜3カケ程度に。

どうしてもお菓子が食べたいなら
毎日少しだけ食べる or **月に2回解禁日をつくる**

解禁日をつくるとドカ食いやリバウンドの危険が高め。どうしても食べたいときだけ、100〜150kcalの範囲で！

ちょこちょこずっと or
一日3食 食べる

規則正しく食べるのが◎。消化吸収から脂肪燃焼までは3〜5時間かかるといわれているので、5時間くらいあけるのがベター。

主食は**ご飯** or **パン**

パンは製造過程でマーガリンなど脂質も加えられるため、ご飯よりも高脂質。ご飯ならかむ回数も多く腹もちがいい。

お肉が好きなら
ハンバーグ or **ステーキ**

牛肉の赤身の部位を選ぶと◎。L-カルニチンという成分が豊富に含まれているため、脂肪燃焼が期待できるよ！

バランスのよいダイエット食は
たんぱく質25%、脂質15%、糖質60%!!

脂質
控えたいところだけど、ビタミンの吸収を助ける働きもあるので、とらなすぎも×。

たんぱく質
体の組織を構成する栄養素。減量中は不足しがちだから、意識してとるようにして！

そのほか
食物繊維の多い食品を選んで便秘解消。ビタミンやミネラルも忘れずにとりたい♪

糖質
制限しすぎると、体調を悪くすることもあるので、一日100gは摂取しよう！

栄養をとりたいなら
生野菜サラダ or **野菜ジュース**

栄養をとりたいなら生野菜サラダをセレクト。市販の野菜ジュースは手軽な半面、加熱処理されているためビタミンCが失われているので残念！

食べなきゃヤセるって考え方は絶対にNG！

食べ方を知って上手にヤセる！
食事編

どうせなら、ちょっとでも太らない食材や食べ方が知りたい!! 林先生が教えてくれたよ。

Part2 ダイエットの始め方♥

効率的な運動がヤセる近道！
運動編

目的に合わせて、バランスよく鍛えることが最重要♪ このコーナーは小林先生が担当！

ウオーキングするなら
朝 or 夜

歩くタイミングはいつでもOK。寝坊して朝ウオーキングできなかったら夕方に歩くなど、続けることがカンジン。

ヤセたいなら
ウオーキング or ランニング

同じ時間ならランニングのほうが消費カロリー大。でもキツかったらムリせずに歩こう！

通学するなら
チャリで10分 or 徒歩で25分

徒歩で25分歩くほうが消費するカロリーは大きい。余裕をもって家を出られる日は歩いて行くのがいいね♪

毎日5分運動 or 週に1回1時間ウオーキング

週末に1時間だけがんばるより、ちょっとずつでも毎日継続することが大切だよ。運動がルーティンになるとヤセやすい♪

きょうはお休み〜 NG!!!

筋トレをするなら
お風呂のまえ or あと

筋トレで汗をかくことを考えるとお風呂のまえがオススメ。筋肉が温まる入浴後にはストレッチで体をほぐすのが効果的♪

スクワットで効果が出るのは
お尻 or 太もも

どちらも効果あり!! ヒップアップには、足幅を広げたり、立ち上がるときにお尻を意識するとさらに効果的。

腹筋を鍛えたいなら
脚上げ or 上体起こし

上体起こしは腹筋の中央〜上部分、脚上げは下部分に効果的。どっちもやれば全体的に鍛えることができる。

脂肪を燃やすなら → 有酸素運動！
筋肉をつけるなら → 無酸素運動！

無酸素運動とは
酸素を使わずに短い時間で行なう強度の高い運動のこと。筋トレや全力ダッシュなどキツイと感じる運動だよ★

有酸素運動とは
酸素を使って脂肪をエネルギーに変える運動。軽い運動を20分以上行なうことで脂肪が燃焼し始める。

適度な運動なしに正しいダイエットはありえない

もんで流してむくみを解消すれば美脚効果！

めぐりのいい体をつくる
ボディーケア編

むくみと老廃物はしなやかボディーの天敵。効果を上げられる方法を新井先生に聞いた。

両方気になるなら
太もも or ふくらはぎ
からケアする

筋肉をほぐすだけでなくむくみを解消することも考えると、心臓から遠い部分からケアするのがオススメ。

湯船の中 or お風呂あがり にもむ

体が完全に温まった状態で行なうのが基本。ただ、半身浴の場合など、ぬるめの温度のお風呂であれば入浴中でも効果的。
※長時間は注意。

使うなら
オイル or クリーム

手のすべりをよくして、肌に負担をかけない点ではどちらも一緒！ 好きな香りを選んでリラックス効果を高めて。

やるなら
一日5分で毎日 or 週に1回30分

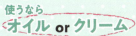

むくみや老廃物をほぐすなら、毎日ちょっとずつでもケアするほうがダンゼン効果的！ "美は一日にしてならず"でしょ★

Part 3

まずは自分の
性格を知ろう ♥

性格別ベストダイエット

せっかくダイエットするんだもん！ 効率よく確実にヤセるには、まずは続かないと意味がない!!
ってことで、性格別にムリなく続けられるダイエットをまとめたよ！

撮影／堤博之、蓮見徹［P.37.39.43分］
ヘアメイク／YUZUKO　取材・文
安藤陽子［P.8〜23分］

タイプA マイペースさん

タイプB ストイックさん

ダイエットが成功するかしないかは、意志の強さだけじゃない！

必要なのは自分に向いているダイエット方法を実践すること♥

タイプC ミーハーさん

タイプD 引きこもりさん

合わないダイエットは時間のムダ!

向いていないダイエットをしていると、結果が出ないどころか太ってしまうことも。モデルの実体験を激白★

モデルたちもこんな失敗をしてた！

ねおんつぇるは ウオーキング
「ひたすらスピードをあげて歩くのは向いてなかった(笑)。"ダイエット！"って考えすぎるとストレスになる!!」

ゆうちゃみは きつい食事制限！
「思いつきできつい制限して、続かないどころかリバウンド。まわりに人がいるジム通いが自分には合ってる♪」

なちょすははしっかり筋トレ！
「激しめの筋トレをがんばってた時期もあるけど、そもそも運動が苦手だから、続けられなくてザセツした…」

タイプB
\ タイプBはほのぱぴが代表！/

ハードなほどやる気MAX 追い込んでキレイになる！

- □ 人は人、自分は自分だから、他人の意見はあまり気にならない。
- □ 大人数でつるむのが得意ではない。
- □ イライラすると言動に出やすい。
- □ 物事にははっきり白黒をつけたい。
- □ あれこれ悩むくらいなら、まず行動してみるがモットー。
- □ 集中すると、ほかのことが目に入らなくなる。

\\ Bがいちばん多いコは //
ストイックさん

短期集中、成果主義。少々きつくても目標が明確ならがんばれる。試合まえのボクサーのような強いメンタル。

ダイエットとの向き合い方
スイッチが入るとムチャもできる
いつもはゴロゴロだらだらでも一度スイッチが入ったらとことんストイック！ ただしあくまで短期戦向きだよ。

よっしゃ、やるで！

こんなダイエットがオススメ！
短期で確実に結果が出るもの
"1か月で、3kgヤセる"、"ウエスト3cmヤセ"など、目標を具体的に数値化するとモチベーションが続く！

1か月でヤセる！

タイプA
\ タイプAはなちょすが代表！/

小さなことからコツコツとチリつもで理想のボディーに♥

- □ 怒ったり、あせったりすることがあまりない。
- □ 自分の意見を主張してケンカするくらいなら、相手に合わせるほうがいいと思う。
- □ わからないことがあっても気にならない。
- □ 優柔不断で、なかなか決めることができない。
- □ 始めるまでに時間がかかるが、いったん始めるといつまでも続ける。
- □ 1つ1つの行動が遅いとよくいわれる。

\\ Aがいちばん多いコは //
マイペースさん

1人でコツコツ積み重ねていくタイプのダイエットが向いているよ。ムリなく続けられるかどうかカギ!!

ダイエットとの向き合い方
なかなか行動に移せない
一度始めれば結果が出るまで根気強く続けられるのがこのタイプの持ち味。友だちと協力すると、それがプレッシャーになるので注意！

やらなきゃとは思うねん

こんなダイエットがオススメ！
日常生活に取り入れて長い期間で取り組めるもの
ハードな筋トレは心が折れちゃう。ながら運動や食生活改善など変化は小さくても長期戦で確実に結果が出せることにチャレンジしよう！

つらいのはムリや！

Popteen Part3 性格別ベストダイエット

まずは自分に合ったダイエット法を知るための

性格チェック表

いちばん○が多かったタイプがあなたの性格！

4つに分けた性格のうち、どれにあてはまるかチェック！○の数が同じ場合は、どっちの傾向もあるから両方参考にしてね！

教えてくれたのは **和田清香先生**
実践ダイエット数350種類。15kgヤセに成功した経歴と栄養学などの資格をもとに健康美を目的としたダイエットをトータルに提唱。

タイプD

＼タイプDはねおんつぇるが代表！／

身のまわりにあるものを活用 クリエーティブにヤセる★

- □ いろんなことを想像するのが好き。
- □ 興味のあることには没頭するタイプ。
- □ あまり浮かれるようなことはない。
- □ 相談はするよりも、されることのほうが多い。
- □ 深く考えすぎて、なかなか結論が出せない。
- □ 欲しいものは時間や手間がかかっても手に入れたい。

》Dがいちばん多いコは《
引きこもりさん

想像力も創造力も豊か。1人で楽しめるハッピーな引きこもり体質。自分の世界で楽しめるダイエットが好き。

ダイエットとの向き合い方
自己流のアレンジを加えて極めていく

持ちまえのオタク気質と発想力を生かして、エクササイズのアレンジを次々と考案。工夫することでやる気がUPするよ！

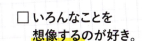
コレやってみよう♪

こんなダイエットがオススメ！
アイテムを活用したもの

ただ走る、歩くといった単調な運動は苦手。家にある道具をダイエットに活用したり、グッズに凝るとモチベが続く。

こんな使い方もアリかな？

タイプC

＼タイプCはゆうちゃみが代表！／

トレンドにはだれよりも敏感!! ダイエットも最先端をいく★

- □ 初対面の相手でも気軽に会話ができる。
- □ 部屋の片づけが苦手。
- □ 1人でいるよりも大勢でワイワイしているほうが好き。
- □ 友だちとの連絡はマメに取っている。
- □ 趣味は多いほうである。
- □ 流行にのりたい。

》Cがいちばん多いコは《
ミーハーさん

流行に敏感で、トレンドの食事法や運動をいち早くキャッチ。ラテンのノリでダイエットもエンタメにしちゃう！

ダイエットとの向き合い方
軽いノリでトライしてみる

おもしろそう！と興味本位でトライできる、フットワークの軽さが持ち味。仲間がいると楽しみながら続けられるよ♪

ヤセた〜い♥

こんなダイエットがオススメ！
話題性の高いもの

最新・流行のダイエット、海外セレブがやっている食事法など、トレンドのダイエットでやる気もイッキにブチ上がる。

地味なのはイヤ!!

タイプA マイペースさん

あなたがやるべきダイエットはコレだ！

ながら筋トレで体をしぼる！

髪を洗いながら

シャワーに対して後ろ向きになり、背中を倒しながら頭を洗うエアリクライニング。腹筋、背筋に効くよ★

入浴しながら

湯船の側面に手のひらをつけてギューッと押して二の腕引きしめ。「い～ち、に～い」くらいのテンポで10回。

湯船の底に手をついて腰を上げ、お尻をフリフリゆらす×往復10回。ウエストしぼりに効果あり。

着圧レギンス入浴で美脚に！

着圧レギンスをはいて湯船につかるよ。入浴中はマッサージやエクササイズをすると◎。下半身ヤセがかなう。

入浴法は

体を温めるために最初は全身浴。目安は42℃。半身浴のお湯の量で、お尻の位置をズラし、肩までつかろう♪

汗ばんできたら体を起こして半身浴。ここから20分、ボーッとしていてもいいし、エクササイズしてもいい!!

お風呂ダイエット！

日常生活のなかでマイペースに続けられる方法がマスト。毎日のバスタイムを利用したダイエットはまさに理想的★

必ず結果はついてくるから毎日続けることが大切！

キツさなく続けられる美習慣　気づけばスリムになってる♥

湯船でリンパマッサージをしてむくみOFF

①
片手で足首を固定し、足指の間に手の指を入れてつかみ、つま先をぐるぐる5回、回すよ★

②
グーにした手の関節を使って、足の甲をゴリゴリと流すよ。強さは痛気持ちいいくらいで♪

③
足首からひざまで両手で引き上げてリンパ流し。ふくらはぎの両サイド＆前後をまんべんなく。

④
ひざまわりは、人さし指の第2関節でお皿のまわりを半円を描くように押していこう。

⑤
太ももはひざから脚のつけ根まで、少しずつズラしながら両手を互い違いに動かしてほぐす。

アドバイス

モチベーションのあげ方
「がんばってるね」とまわりにホメられる

ドSに自分を追い込むより、小さな変化に敏感になりながら続けられている自分をホメてあげると◎。

成功するコツ
ストレスをためずコツコツ続ける

競いあったり、高すぎる目標を設定するとそれが負担になってくじけちゃう。マイペースに続けよう。

36

通学&授業中ながらダイエット！

リアルマイペースJKネタもご紹介

日常生活のなかでマイペースに続けられる方法がマスト。毎日のバスタイムを利用したダイエットはまさに理想的★

ペンでツボ押しして便秘解消

便秘点　耳の、上から1つ目のくぼみの、つけ根に近いあたり。便秘のコが押すとかなり痛い！ペンで刺激しよう♪

合谷　親指と人さし指の骨が合流するあたりの、手の甲側にあるくぼみが"合谷"。3秒押して、3秒離すをくり返して。

つま先立ちでふくらはぎヤセ

つま先で立つだけでふくらはぎが鍛えられるよ★　軽く上げ下げすれば、ヒップアップにも効果アリ！

脇谷日南チャン

こぎ方を工夫して消費カロリーUP

軽くひじを曲げる！　ひじの曲げすぎ&伸ばしすぎは、二の腕の引きしめ効果を弱めるので要注意!!

サドルは高く！　前傾姿勢になることで二の腕と腹筋が使われて、上半身の引きしめにGOOD★

つま先でこぐ！　親指のつけ根がペダルの中央にくるようにしてこぐと、ふくらはぎに効果的♪

なんにもさわらず体幹トレーニング

田口珠李チャン

ゆれる電車やバスの中で、手すりやつり革に頼らずまっすぐ立つだけで、体幹がグッと鍛えられる！

後ろ手バイバイで二の腕ヤセ

Bye Bye

両手を広げてまっすぐ後ろに伸ばし、手を振って二の腕のムダ肉にもバイバイ★　理想は20回×2セット♪

力を入れてヒップアップ

お尻をキュッとしめるように力を入れて、30秒キープ。これを3回くり返すだけで、プリッとしたお尻になる♪

ゴロゴロぐだぐだダイエット！

家でのんびりタイムもちょっとの工夫でダイエットにチェンジ★　ひまつぶしにも◎。

お尻歩きで下半身ヤセ

一日5〜10分、座ったままお尻を交互に動かして前へ進むと、骨盤矯正につながって下半身スッキリ♥

乙女ポーズでむくみ取り

うつぶせに寝て、ひじを立てて上体を起こしたら、かかとでお尻を蹴る。可愛いポーズでむくみ解消★

エアダッシュでカロリー消費

その場で軽く前傾姿勢になり、手を振りながら、できるだけすばやく足踏み！テレビのCM中にいいかも♪

エア背もたれで体幹トレーニング

ネコ背ぎみにイスに浅く腰かけ、そのまま上体を倒して5秒キープ。背もたれには寄りかからないでね！

バスタオルの上に寝ておなかヤセ

バスタオルを巻き、ウエスト部分の下に置いてあお向けに寝る。背中とお尻は浮かせず、10分呼吸で腹筋効果！

二の腕ヤセも♥　手に持ったものを上げ、腕が床と垂直になるようにまっすぐ伸ばすと二の腕に◎。

ランニングダイエット！

あなたがやるべきダイエットはコレだ！ タイプB

ストイックさん

多少ハードでも短期間で結果につながる燃焼系ダイエットが最適。筋トレ+ランニングで脂肪を燃やしまくろう！

アドバイス

モチベーションのあげ方
多少厳しくても必ず結果が出ると信じる

すぐに結果が出ないと嫌になる傾向あり。ダイエット成功者の体験談を参考にするとやる気が持続！

成功するコツ
ダイエット開始時に目標を明確にする

"2週間後までに2kgヤセる"と目標を明確に。理想の体型の人の写真を待ち受け画面にするのもテ！

プロテインを飲んで筋力UP
筋力UPで引きしめたいなら、運動後30分以内にタンパク質やプロテインをとると筋肉がつきやすくなる♪

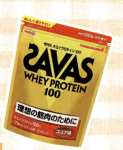

空腹すぎるのもNG！
満腹で走るのはよくはないけど、空腹で走るのも危険。バナナ1本程度の軽めのものを食べて走るとベスト♥

おしゃべりできるスピードがベスト
曲を口ずさめるくらいの余裕があると◎。走る時間の目安は20分。お休みをはさみながら週4回くらい走ろう。

午前中に走るのがオススメ
運動後5〜6時間くらいは代謝のあがった状態が続くので、夜走るよりも午前中に走るとヤセやすくなる!!

正しいフォームをとるのが大前提!!

- 目線は遠くに！
- ひじを後ろに引くイメージ
- あごは少し上げぎみ
- つま先で地面を押す

ランニングは、走る距離や時間よりも、正しい姿勢をキープすることに、意識を向けて走ることが重要だよ!!

競歩のスピードで通学するのもGOOD

- バッグはリュックが◎

目的達成のためには通学時間も活用。できる限りの速足で、腕はなるべく大きく振るのがポイント★

効果をさらにUPさせるには！

ランニングまえは筋トレで筋肉をめざめさせる
筋トレで筋肉を温めると脂肪が燃焼しやすくなる。両ひじとつま先で体を支えるプランクを10秒×3回。

ランニングあとはストレッチで股関節をほぐす
脚の疲れを取るため、ストレッチ。片ひざを立てて脚を前後に開き、股関節を伸ばすように重心を前へ移動♪

きちんと目標を設定することが大切♥

動けばストレスも発散できて◎

短期間ちょいヤセダイエット！

リアルストイック10代がどうしても！ってときにやってる！

家でののんびりタイムもちょっとの工夫でダイエットにチェンジ★　ひまつぶしにも◎。

1週間コース

ムチャなカロリー制限はやっぱりリバウンドしがち。続けることが大事みたい！

小島彩桜チャンは 夜こんにゃくゼリーで 1週間で −2kg!!
「夏休みにやったダイエット！ 朝ごはんは寝てたからナシ、夜ごはんは塾の前後にこんにゃく畑各1コにしたら激ヤセに成功」
→その後　学校が始まったらすぐ0.5kg戻ってあせる…

桐原愛歩チャンは 夜ごはんの代わりに腹筋300回で1週間で −3kg!!
「18時にサラダを食べてからは何も食べない！ 空腹を感じたら腹筋100回×3セットでまぎらわす」
→その後　おなかにスジができた！ 体重は少し戻った…

竹内凜チャンは プチ断食で1週間で −2kg!!
「やっぱり食べなければ減る！ どうしても体重を落としたいときはヨーグルトやサラダをメインにした低カロ生活♥」
→その後　食事を戻せば、減ったぶんの体重も戻る！

岡こころチャンは ひたすら寝まくって 1週間で −3kg!!
「どうしてもヤセたいときはコレ！ 帰宅して、宿題やったら寝る!! おかげで毎日10時間睡眠だった(笑)」
→その後　ごはんやお菓子を食べるようになったら+1kg！

松本桃咲チャンは 8時間ダイエットで1週間で −2kg!!
「朝は食べずに学校に行って、お昼から夜の8時までの8時間なら何食べてもOKってことにした！」
→その後　1か月続けたら−8kg達成 マッサージで体型維持中

加藤優香チャンは チャリをギア1にして 1週間で −2kg!!
「学校までの片道7kmの道のりをギア1で約40分毎日爆走！ 夜ごはんを0カロゼリーにしたおかげもあってヤセたよ♥」
→その後　脚に筋肉がついた実感アリ！ 体重キープ中♪

2週間コース

あきっぽいJKたちにとって、ダイエットをがんばれる平均期間は2週間と判明！

三角美夢チャンは スムージー置き換えで2週間で −2kg!!
「朝と夜のごはんをスムージーに置き換え！ 市販の粉のやつはマズすぎて続けられなかったからジューサーで♥」
→その後　ずっと置き換えられないからキープは難しい！

中町綾チャンは お菓子だけで 2週間で −3kg!!
「好きなものをガマンできなかったから、ごはんを食べずにお菓子とフルーツでカロリーを摂取！」
→その後　ごはん食べたら即戻った 肌荒れもひどかった(涙)

花島桃子チャンは 18時以降食べない&筋トレで2週間で −2kg!!
「18時以降はいっさい食べないで、水でガマン。筋トレも並行してやったら順調にヤセた♪」
やってたのはコレ　「まっすぐ立って片脚を伸ばした状態で、前後や左右に脚を開いて太ももヤセ♪」
「脚を腰幅に開いたら、上体だけをひねってくびれづくり♥ 胸を開いてやるのがコツ」
→その後　順調に落ちて計−4kg!! 運動を続けてキープ！

川田愛莉チャンは 半身浴&ランニングで 2週間で −1.5kg!!
「とりあえず走る！ そして半身浴と腹筋!! すぐできるしお金がかからないところがいい♪」
→その後　少し増えたら、すぐ走って体重をキープ★

杉本愛紗チャンは 子ども用お茶わんにして2週間で −3kg!!
「ふつうのお茶わんの半分のサイズだけど、しっかりよそえるから見た目で満腹感を感じられる♥」
→その後　外食が続くと増えるけど運動もプラスしてそのつど調整！

1か月コース

1か月で2kg程度なら、それほど急激な変動じゃないから、キープも可能♪

山形珠莉香チャンは ジュースを白湯にして1か月で −2kg!!
「お菓子やジュースをやめて白湯や水を飲むようにして、毎日15分筋トレを続けたらヤセた♥」
→その後　基本お菓子が好きだから家にあると食べちゃって1kg増…

野田千晴チャンは 部活の筋トレで1か月で −2kg!!
「吹奏楽部の筋トレで自然とヤセた。きつすぎて泣きだすコもいるくらいしんどかったけど、いい思い出(笑)」
メニューの内容：腹筋100回／脚上げ20回×3セット／バーピー20回×5セット／背筋30回
→その後　引退まえは腹筋が割れてた いまでも週3で続けてる

太田早紀チャンは お菓子抜き&フラフープで1か月で −1.5kg!!
「本気でヤセたくて、毎日30分フラフープ。最初の1週間でウエスト−5cm!! お菓子も減らして成功♥」
→その後　フラフープはやめたけど食べすぎに注意してキープ

伊藤悠チャンは お菓子よりごはん 1か月で −2kg!!
「毎日食べてたお菓子を、週3に減らし、野菜を多くとる食生活にしたら自然と減った♪」
→その後　ごはんはちゃんと食べてるけど変動なし

国房美夕チャンは 炭水化物を置き換えて 1か月で −3kg!!
「朝と昼をヨーグルトに置き換え。甘いのが好きだから、ブルーベリー味のスムージーのパウダーをかけて食べてた!」
→その後　食べすぎた次の日をヨーグルトにして維持★

木村朱里チャンは 階段を使って 1か月で −3kg!!
「食事制限はナシで、毎日おなかに力を入れて歩いてた！ 極力階段を使って、夜は腹筋60回!!」
→その後　簡単にできるから続行中 体重増えたら腹筋増やす！

タイプC ミーハーさん

> あなたがやるべきダイエットはコレだ！

アドバイス

成功するコツ
自分が楽しめることを選ぶ
トレンドのダイエットでテンションがあがりまくり。ピンときたダイエットはどんどん試していこう。

モチベーションのあげ方
一緒に励まし合える仲間がいる
1人でがんばるより、友だちと定期的に経過を報告をしあうなどイベントがあると楽しく続く★

アメリカで人気！
フレキシタリアンダイエット

野菜中心ながら、肉や乳製品も適度にとる最新の食事法。トレンド入り確実な健康的なネタ♥

★ 週に5日は一日140gの肉を食べる
★ 週に2日は肉を食べない
★ 物足りない日は豆腐や豆類を食べる

トレンド先取り！
食前きゅうりダイエット

生のきゅうりを一日1〜2本、食前に食べると血行促進&むくみ解消。すりおろして食べるとより効果UP♪

まずはダイエットアカウントやLINEグループをつくろう

ダイエットアカウントを新たにつくり、経過を発信しながら進めると、モチベーション維持&成功しやすい♪

がんばる自分を日々発信 ダイエットも楽しくなくちゃ

SNSダイエット！

SNSで日々の報告をしたりグループLINEで成果を共有するなど、努力+エンタメで結果がついてくる！

ヴィクシーモデルもやってる！
ツイストトレーニング

キックボクシングの選手兼ボディーメイクトレーナーとして有名な"パコム・アッシ"考案のエクササイズ。

1
おなかを鍛えつつワキ腹にも効かせるエクササイズ。まずは床にあお向けに寝て、つま先をそろえる。

2
上体を起こし右ひじと左ももとを合わせ、続いて左ひじと右ももを合わせる。リズミカルに各10回。

1
ウエストをひねりながらのボクササイズでおなかを引きしめるよ。両足を肩幅より広めに開き、ワキをしめる。

2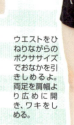
パンチをくり出すとき、ウエストをひねりながら右ストレート&左ストレート。各10回を目安にパンチ。

リアルミーハーJKが気になるおしゃれダイエットもCHECK!

なんでもあっためるのが冬ビューティー食♥

北風に凍える寒い冬は体を芯から温めることが美の近道。食べ物で内側からホットに♪

ホットフルーツ

みかん 加熱したみかんには血行促進効果あり♥ トースターで皮ごと7〜10分焼いて食べよう♪

りんご ペクチンが豊富なりんごは、レンジでチンしたり焼いたりで、皮ごと食べるのが正解。

フルーツを温めると…

1. **腸内環境が整う!!** フルーツって栄養価は高いけど体を冷やしがち。温めれば腸を活発にする力がアップ!

いちご いちごを加熱すると、腸内環境を整えるペクチンが倍増! ホットのいちご豆乳もオススメ♥

バナナ 食物繊維が豊富なバナナは、焼くことでオリゴ糖が増え、甘みも増す♥ スイーツみたい!

2. **美肌になれる!!** 腸内環境が改善されると肌が元気に♪ フルーツ本来の力も存分に発揮され美肌になれる。

ホットヨーグルト

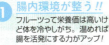
レンジで1分チンするだけダイエット♥ 100mlのヨーグルトを600Wのレンジで1分。胃腸の活動が活発化&乳酸菌の働きが高まるよ!

注目! ギリシャヨーグルトって ヨーグルトを水ぎりしてあるから、ふつうのヨーグルトより濃厚。たんぱく質の量も豊富。

ホットデトックスウォーター

抗酸化を狙うならプルーン&レーズン プルーンとレーズンは抗酸化力が高く、美肌に◎。むくみ解消に効く白湯と合わせよう♪

レモンときゅうりでぺたんこ腹 レモンときゅうりとミントとおろししょうがに白湯(さゆ)を注ぐ。むくみも冷えも解消!

オイルにこだわるのがおしゃれ!!

オイル=油分=太るって考えは、もう古い!! 体にいいオイルは、ダイエットの味方だよ♪

ココナツオイル 脂肪の燃焼を助けてくれることが最大の長所★ 食物繊維も豊富だから、便秘解消にも効果を発揮。甘い香りも人気。

えごま油 血液サラサラ、お肌ツヤツヤのうれしいW効果が特徴。脂肪をためにくくする働きもあるから積極的にとりたい!

アボカドオイル ビタミンがたっぷり入っているレアなオイル! お刺身にかけるとダイエットパワーが倍に。むくみ予防にも効くよ。

あまに油 αリノレン酸という、人間の体内では合成できない成分が豊富。血液をキレイにして、脂肪もためこまない!

ドレッシングで取り入れるなら

ココナツオイル	ココナツオイル:しょうゆ:酢を3:2:1の割合で混ぜ、黒こしょうで調整。
アボカドオイル	ごまダレ1/2カップ、ごま油小さじ1、アボカドオイル大さじ3を混ぜる。
えごま油	えごま油:酢を1:1の割合で混ぜ、塩・こしょうで味を調えるよ。
あまに油	あまに油:ポン酢を1:1の割合で混ぜ、好みですりごまを加える。

海外セレブ注目のキーワードを調査!!

新しい情報にめざとい海外セレブから学ぶ、最新のキーワード。あしたからレッツトライ!!

アルカリ性ダイエット 果物や緑黄色野菜など、アルカリ性の食品と動物性たんぱく質など酸性の食品を8:2で摂取する方法。カロリーは気にせずOK。

80/20ダイエット 80%は糖質や加工品を抑えたヘルシーな食事、20%は好きなものを自由に食べられる。一日3食の人は1週間に4食解禁できるよ!

コンブチャ ミランダ・カーが愛飲してることで話題のコンブチャ。じつは紅茶キノコのことで、デトックス効果と抗酸化作用が高いのがポイント!

ハンプトンダイエット 赤身肉、サーモン、マカダミアナッツオイルをメインにし、炭水化物を控えめにする。ハンプトンという、セレブが集まる地域発♥

寝るまえに飲むべきマジックドリンク!!

アメリカ発のダイエットドリンク♪ 飲めば寝ているあいだに1kgヤセるなんて、夢みたい!!

ライム ライムに含まれるクエン酸が自律神経を刺激して代謝が上がる♪ 脂肪燃焼も促進!

シナモン シナモンには、脂肪細胞を小さくするというステキな効果が♥ 香りがいいのもポイント。

はちみつ 寝るまえのはちみつには安眠を助ける力があるうえ、成長ホルモンの分泌も促す★

つくり方 シナモン大さじ1杯、はちみつ大さじ2杯、ライム半分のしぼり汁をボウルに入れて、沸とうしたお湯と混ぜ、冷蔵庫で冷やすだけ。

水にもいろんな種類がある!!

毎日飲む水だからこそ効能を理解してダイエットに役立てたい!! いま飲むならこの4種★

バナジウム水 バナジウムとはミネラル物質のこと。体内の血糖値を下げる役目を果たしてくれるので、太りにくい体質に♥

サルフェート水 マグネシウムなどのミネラルと硫酸基が結合した硫酸塩を含む水。デトックス効果バツグンでダイエット向き★

水素水 老化の原因となる悪玉の活性酸素を除去する心強い水★ 水素分子がキレイと健康をサポートしてくれるよ。

シリカ水 コラーゲンやヒアルロン酸の生成に必要な成分=シリカ。腸内環境や髪の健康をサポートや、肌にハリを与える。

見た目も可愛いフルーツビネガー!!

新陳代謝を活発にするお酢と、ビタミン豊富なフルーツのいいとこ取りで、美容効果倍増♥

キウイ+パインで代謝を上げまくり★ どちらも酵素が豊富なフルーツだからヤセやすい体質にチェンジ。免疫力も上がるおまけつき!

りんご+オレンジは便秘解消に◎ りんごには食物繊維、オレンジにはペクチンが豊富。体にたまった老廃物を追い出してくれる♪

つくり方 お酢とフルーツと甘味は同じ分量が鉄則。フルーツと氷砂糖&はちみつをミルフィーユ状に重ね、お酢を注ぐ。一日1回上下にゆらす。氷砂糖が溶けたら飲みごろ。

+炭酸水 150mlの炭酸水×フルーツビネガー大さじ2杯。代謝が上がるよ!

+牛乳 150mlの牛乳×フルーツビネガー大さじ2杯。カルシウムも摂取★

タイプD 引きこもりさん

あなたがやるべきダイエットはコレだ!

アドバイス

モチベーションのあげ方
いろんなグッズをGETする
創意工夫ができるタイプなので、新しいグッズや方法を見つけて楽しみながら続けるのが成功のカギ。

成功するコツ
ゲーム感覚でダイエットをする
*2週間続いたらスイーツを食べに行く。など、ごほうびを用意しながらゲーム攻略感覚で進めよう。

めん棒でむくみ取り

家にある、めん棒を活用! 土ふまずを中心にゴリゴリ動かして足裏をほぐすと、血行が促進される♪

タオルでストレッチ

下半身ほぐしストレッチ★
片足の土ふまずにタオルをかけて上に伸ばし、タオルを引きながら10秒キープ。脚の裏側を伸ばしてコリやむくみを解消。

背筋強化エクササイズ!

家にあるフェースタオルを活用。背中側で引っぱり合って10秒キープで脂肪を燃焼させる細胞が活性。

スプーンでリンパマッサージ

2 スプーンの裏側をまぶたに当てて流すと、目元がスッキリ。目の開きがよくなるよ。スプーンを冷やすと◎!!

1 家にあるスプーンを活用してむくみやたるみを解消。あごから耳へ、スプーンの裏側をすべらせて引き上げる!

壁を使って筋トレ

空気イスで全身引きしめ!

姿勢を安定させるために背中は壁にぴったりくっつける。腰を落とし、腕はまっすぐ前に出して10秒!

クッションで内ももトレーニング

机に向かうときも、ソファに座ってくつろいでいるときも、ひざの間にクッションをはさむ。続けることで太ももが細くなる♥

ダイエットの資金¥0 その成果プライスレス♥

内もも&腹筋を集中強化!

壁を支えにして脚を上げ、壁にそわせたまま、大きく広げたり閉じたりしよう。目安は10秒★

¥0ダイエット!

オタク気質で創造力があるタイプ。「お金をかけない!」などダイエットにしばりを設定すると、がぜんやる気に♪

100均アイテムでプチプラダイエット♥

Part3 性格別ベストダイエット

ひきこもりJKにオススメ♥

ダイエットにお金はかけられない！というみんなのために、100均の使えるダイエットグッズをご紹介♥　¥108でヤセ効果の上がる実力派がせいぞろいです!!

つけて歩くだけでヤセる？
足指バンド

つけて歩くと運動効率がアップ！ふつうのお店で買うと約¥1500の商品も、100均だとお得♥

足にはめてみたら違和感がなくてビックリ★ これでヤセるならハッピー♪

体を伸ばすときの助っ人！
ストレッチバンド

腕、脚、背中…全身のストレッチがこれ1本でラクに★強度もいろいろあるよ！

あれ、簡単そうに見えたけど意外とキツいかも…。慣れるまでが大変やな！

ソックス感覚でダイエット
足ツボサポーター

ふくらみが足ツボを刺激して、むくみをOFF。お風呂あがりに使うのが◎。

足裏にイボみたいのがあたって、めっちゃ気持ちいい♥このまま歩くのも余裕やで♪

お風呂のおともにプラス！
発汗入浴剤

湯船の中に入れるだけで体がポカポカ♥汗はかくわ、代謝は上がるわ、といいことずくめ!!

¥108で3袋入っててヤバッ。入浴剤はいろいろ試してみたくなるから安さが大事♪

有酸素運動にもってこい!!
ふうせん

ふうせんをふくらませることは、有酸素運動に匹敵するから、カロリー消費の効果が高い♪

ふうせんをふくらますのってこんなに大変やったっけ!?おなかに力が入る！

血行をよくするならこちら
5本指ソックス 足指パッド

冷え対策には温めておなかにあてるのが◎。むくみを取るなら冷やして使おう!!

足の指を開くのってなんか開放的でええかも★ 寝るまえに使うのがよさそう♪

冷やしても温めてもイイ！
ジェルパッド

冷え対策には温めておなかにあてるのが◎。むくみを取るなら冷やして使おう!!

へー、くり返し使えるんや。それで¥108って安くない？めっちゃお得やな♪

話題のダイエットフード！
チアシード

水で約10倍にもふくらむから満腹感を感じられるチアシードも100均で売ってるんです!!

ギャッ、カエルの卵みたいやん！飲むまでに勇気いるけど味はおいしい♥

ヘッドマッサといえば！
シャンプーブラシ

頭皮の血行がよくなると代謝アップ♥フェイスラインの引き上げ効果もあるから小顔も期待★

はぁ、これ気持ちいいわぁ♥頭がポカポカしてるからなんか眠たくなる…(笑)。

1本あると便利な用具★
なわとび

なわとびは手軽なダイエット方法。最近の100均のなわとびは見た目もなかなかキュート！

なわとびってだれでもできるからいいよね！なつかしい気持ちになってきた♥

巻けば発汗作用が倍増！
ボディーラップ

ウエストや太ももに巻いてエクササイズすれば、汗もたっぷり!!しめつけ感は少なめ♪

安いもの大好き♥なちょすがCHECK!!

巻いただけだと効果があまり感じられないけど、ジワジワくるのかなぁ？

老廃物を放出するシート★
足裏シート

足の裏に貼るだけで老廃物を吸い出す足裏シート。毎日使いたいからこそ、安いのがいい。

老廃物がたまりまくってるのか、貼って寝て、起きたらシートがベタベタやった♪

美肌効果までGET♥
あかすり

お肌の余分な角質を落とすあかすりでもみもみすれば、リンパマッサージの効果も期待できそう♥

ちょっと痛気持ちいいやつやん！これで女磨きもがんばります♥

毎日のむくみに大活躍!!
着圧グッズ

装着すると圧がかかって引きしまる。ソックスはもちろん、二の腕用もアリ！

ソックスは高いのに比べると圧が弱いかも…。二の腕用は引きしまる気がする！

マッサージに使えるんです
テニスボール

足や腰の下に入れて、体を動かすだけでツボが刺激される。くつ下に複数入れて使うのも◎。

おぉ、これまた効くぅ…。テレビを見ながらとかやってたら、毎日できそう★

着るだけでヤセ率もアップ！
サウナスーツ

¥324と、100均にしては割高だけどこのクオリティーなら買いっ!!

これ着て動くとすぐ汗が出る。ウチやってたら、お風呂に入るときに着るかな♪

空気で持ち運びも可能
骨盤枕

空気を自分で入れてふくらますタイプの円柱形まくら。背スジを伸ばしたりするのに最適！

はぁ、体が伸びてめっちゃ気持ちいい〜♪このまま寝てしまいたいくらいやぁ。

オールマイティーに使える
ストレッチボール

ほどよい反発力のあるボールは二の腕や腹筋を鍛えたり、脚ヤセ運動のパートナーにもってこい♪

ムムム、上手にボールを扱えへん…。筋肉つくまでは難しいかも…。おっとっと…

難易度の高いポーズも楽勝
ヨガブロック

ヨガの難しいポーズもこれさえあればラクチン！手がすべりにくくなるのが、最大のポイント。

ヨガって大変そうやけど、このブロックがあれば、ウチでもできる気がする♪

王道グッズもプチプラ♪
コロコロ

コロコロはダイエットの王道グッズ。部位別に種類もいろいろあるけど、100均ならオトナ買いできる♥

なんだかこしょばいから、力が入らへん！ 体用はウチには向かんのかも…。

お風呂でサウナ状態に♥
シリコンマスク

サウナマスク代わりにして、ピッタリ★毛穴が開くから、汚れも落ちやすくなって美容効果大。

セパレートタイプだと肌への密着感ハンパないから、めっちゃ汗かきそう!!

筋肉をつけたいコに♪
ウエートバンド

約250gの重りつきのバンドを手首や足首につけて筋トレすると、負荷がかかって効果もアップ★

1コだけやったら軽い♪これくらいなら軽々ジャンプもできるで〜(笑)。

運動ダイエット

筋力UP、有酸素運動で脂肪燃焼、代謝UPと方向性はいろいろ。向いてるエクササイズで、効率的にヤセよう！

筋トレダイエット

自宅で筋トレといえば上体起こしの腹筋運動が定番！やる気次第でジムに負けないトレーニングが可能★

OK B ハードにやればやるほど目に見える効果あり。きつくても即効性を感じたいBにうってつけ。

NG A,C きついことは続かないA。そしてコツコツ取り組まないと効果が出ない点がCにはつらい。

ダンスダイエット

好きな音楽に合わせて楽しく踊ってカロリー消費。ダイエット中のストレス発散にもってつけ♪

OK C 仲間とワイワイ楽しみながらできる点がC向き。動画をSNSにアップするなど、イベント感覚でも盛りあがれる。

NG D 部屋で1人踊りまくるならまだしも、みんなでダンスとなると、その集団行動がDのストレスに。

ラジオ体操ダイエット

第1第2合わせて6分ちょいの運動で代謝を促進＆コリやむくみも解消。消費カロリーも30kcalと高め。

OK A,D 気持ちいい動きだから習慣に取り入れやすい。動画を流せば部屋でいつでもできる自由さもAとD向き。

NG B 健康目的の体操で、目に見える体重減やサイズダウンは得られにくいため、Bのやる気が続かない！！

なわとびダイエット

走るより消費カロリーが高い有酸素運動なので10分でも効果大。下半身に負荷がかかるため筋力UPにも◎。

NG A 短時間でもそこそこハードだから、気合いを入れないと取り組めないような運動はAにとってストレス。

OK B,D 回数や時間を増やすことで効果を実感できる点がB向き。グッズを使ったエクササイズという点ではD向き★

プールダイエット

水圧の負荷＆全身運動で消費カロリーが高く、クロールなら1時間1000kcalと運動のなかでもダントツ。

OK B 黙々と泳ぐのは自分追い込み型のB向き！25m×5往復など目標を設定して達成感がよろこびに★

NG D わざわざ外出し、さらに水着に着替えるという手間が、おうち大好き引きこもりタイプのDにはハードル高め。

ヨガダイエット

ゆったりと行なうヨガストレッチでリンパの流れや血行を促進。続けることで脂肪が燃えやすい体に変化。

OK A 習慣化する必要があるヨガはコツコツタイプのA向き。激しい運動ではなく気持ちいいと感じられる点も◎。

NG D 最初はスタジオに通うのが一般的なヨガの流れ。どこかに出かけてまでやることはDには負担。

スクワットダイエット

下半身筋トレの代表！両足を軽く開き、上体をまっすぐにしたまま腰を落としてキープする♪

OK A,D 家で自分のタイミングでできるので、マイペースなAと家が好きなDのライフスタイルに取り入れやすい♪

NG C 楽しいことが大好きなCにとって、地味な筋トレはちょっと退屈。あきてしまって、結果につながりにくい！

フラフープダイエット

くびれづくりに効果絶大。ぐるぐる回し続けるだけのきつくない有酸素運動で脂肪燃焼。100均でも買えるからリーズナブル♪

OK D 家でできるフラフープはインドア派のDにオススメ。重さを変えるなど自分で工夫やアレンジができる点も◎。

NG B ラクなフラフープが遊び感覚に思えてしまうB。"効いている！"と実感できないことがストレスに…。

生活改善ダイエット

短期間での劇的な変化はのぞめなくても、少しずつ確実に体を変えていくことができる、コツコツ型ダイエット。

自分磨きノートダイエット

通称"シンデレラノート"。なりたい自分の理想と、現状を書き込むことで必要なステップが見えてくる★

OK A,D 自分の世界で楽しく続けられるからAとDに◎。ノートを可愛くつくるなど創造性も発揮できる。

NG B いまやれることをすぐやりたいBには超不向き。ノートにちまちま書き込んでいくよりも即効性重視！

腹式呼吸ダイエット

息を吸うときおなかをふくらませ、はくときはへこませて体幹を強化！ウエストもサイズダウン♪

OK A,D リラックス効果が高くストレスを解消でき、シチュエーションなどを工夫できる点からAとD向き。

NG B,C サイズダウンがすぐに実感できるわけではなく、達成感やおもしろさに欠け、BとCはピンとこない。

リンパマッサージダイエット

自分の体をもむことで、余分な水分や老廃物を押し流してスッキリ。むくみはその日のうちに解消！

OK A,D 自分のペースでゆったりとできるのでAとD向き。リラックスタイムとして日々に取り入れられる♥

NG B 即効性がなく達成感も感じられないためBは苦手。義務感で始めてもじょじょにやらなくなる傾向。

腸活ダイエット

腸にいい食材や食習慣、腸もみなどで腸内環境を整えて基礎代謝をあげる。体の中からヤセやすく！

NG B 腸内環境が整い、ヤセ体質になるまではある程度期間が必要。そのステップがBには耐えられないかも！

OK A,D ヨーグルトを食べたり、マッサージをするなど自分なりに続けられるからAとD向け。ストレスがない！

性格に合った方法を確認してムリなくムダなくトライ！

10代女子の定番 ダイエットタイプ別 OK! NG!

10代女子のダイエットといえば!! な定番テクがそれぞれのタイプに向いているかどうかをイッキに診断!これで失敗も減りそう♥

OKにもNGにも書かれてないタイプは自分の好みで決めて◎!!

ウォーキングダイエット
ランニングよりも取り組みやすい有酸素運動の代表。きつくないから続けられるしだれでもすぐに始められる♥

NG D "歩くだけ"という行為におもしろさを感じられないのがD。工夫のしようがないのであきちゃう。

OK B,C Bはいろんなマシンを駆使することで効果を実感。流行りのジムならCはワクワクしながら通える。

ジム通いダイエット

マシンを使った本格的なトレーニングでしっかり筋力UP。パーソナルな指導でボディメイクも完璧。

NG A,D わざわざハードなトレーニングをしに行くのはAもDも苦手。とくにDは毎回の外出が苦痛になる傾向。

OK A "駅から家まで速足で歩く"など、取り入れやすいタイミングを見つければ、Aは続けられる★

OK A 日常生活のなかに軽めのエクササイズを取り入れて、習慣化していくのはコツコツ派Aの得意ジャンル♥

OK B,C やりきった達成感や運動後の爽快感がない点がBには物足りない。地味でおもしろみに欠ける点でCも×。

ながら運動ダイエット

テレビを見ながら脚上げ、歯磨きしながらつま先立ちなど細かく取り入れて日常のなかでカロリー消費!!

8時間ダイエット

8時間の間に一日のすべての食事をすませるプチ断食。エネルギー消費がよくなり、太りにくくなる。

OK B,C 海外セレブも実践中となるとミーハーなCのやる気もUP。最初はつらくても効果が伴うのでBも続けられる。

NG A Aは8時間以内で食事ができない日が1回でもあると自分を責めて挫折しがち。16時間の空腹もNO。

NG A そもそも"制限"や"NG"といわれた時点でそれがストレスになるAは、やるまえから絶望状態!

OK B 好きなものが食べられなくても、結果さえ出ていれば、耐えられるのがB。目標があればがんばれる。

カロリー制限ダイエット
食材や食べる時間に制限はなし。一日の総摂取カロリーを消費カロリー以下に抑えて体重を減らす★

スープダイエット
具だくさんスープで1食置き換えダイエット。満腹感があるし、体が温まって代謝もあがる★

OK B,D 減ったカロリーを数値化できることでBのモチベがあがる。レシピ考案を楽しめるDにもオススメの方法。

NG A 空腹感や食べたいものをガマンするガマンがAにはストレス。リバウンドにつながる危険も!

夜炭水化物抜きダイエット
朝と昼はふつうに食べて、活動量が減る夜だけ主食を抜き、時間をかけての糖質OFF食事法。

NG C ただ炭水化物を抜くという点におもしろさを感じられないのが。ガマンすることで食欲が増しそう。

OK D 炭水化物の代わりにほかのメニューを考案するなど、Dは自分流の方法を編み出しながら実践できる♥

ヘルシースナッキングダイエット
ナッツやヨーグルトといったヘルシーな間食を取り入れて血糖値の上昇を抑え、太りにくい体をつくる、"食べてヤセる"ダイエット法♥

OK A,C,D ガマンしなくていい点がAには最適。Cは流行りということでテンションUP。ヘルシーなおやつをつくる楽しさがあるのでDも◎。

NG B ガマンにも達成感が感じられるBは、「食べてもいい」より「食べてはダメ」といわれたほうがやる気が出る!

豆腐ダイエット
高タンパク、低カロリーな豆腐で健康的にヤセられる。リーズナブルなうえにアレンジもしやすい。

NG C ただ豆腐を食べる毎日に飽きこんでしまうのがC。バリエを工夫するまえに豆腐を見るのも嫌になっちゃいそう…。

OK D 豆腐にかけるものを考案したり、豆腐レシピを次々と考え出したり、Dは楽しみながらアレンジし続けられる。

レコーディングダイエット
日々食べたものを記録していくことで食生活を管理。ノートに書き込まなくても便利なアプリがたくさん。

OK C,D アプリという道具を活用して楽しくできる点がD向き。Cもアプリ仲間をつくるなど遊び感覚で取り組めば◎。

OK D 創意工夫を楽しめるDはしょうがを使ったメニューを考案するなど、あきずに続けられるのが強み!

NG C Cは自分1人で黙々と実践することが不可能なタイプ。そのうちしょうがの存在すら忘れそう。

しょうがダイエット

飲み物や汁物に積極的に入れるだけ♪体を温める、代謝UP、むくみ解消などしょうがの力を利用。

食事ダイエット
消費カロリー以上にバクバク食べてたら大問題。タイプごとにムリなく続けられる食事管理法を見つけよう★

NG B ある程度長期で食事を管理する方法が、短期決戦型のBには不向き。「書き込むだけで、ヤセるの?」と不信感。

Part 4

もう自分に
いいわけしない！

冬から始める体質改善

寒〜い冬は外で走るよりも、あったかい部屋でできるメニューからスタート♡
むくみや冷え性を改善して、ヤセやすい体づくりを！

水着¥3132／パティシエールバイミンプリュム　手袋¥421／サンキューマート原宿竹下通り店　ニット帽／スタイリスト私物

撮影／堤博之　スタイリスト／tommy
ヘアメイク／YUZUKO　●掲載商品の問い合わせ先はP.128にあります。

お風呂で体を洗いながら むくみOFF♥

冬休みのひまつぶしで美ラインをGETしよう！

あったか♥

ぽかぽかお風呂場のなかでマッサージすれば、体の芯まであったまるし、女子力もUP♥

撮影／伊藤翔［ほのか分］、堤博之

まずは湯船に入って体をリラックスさせて♥

脚だけでなく全身のリンパはリンパ節に流すのが重要!!

鎖骨
ワキの下
ひじの裏
脚のつけ根
ひざの裏

主要なリンパ節はひざ裏、そけい部、ワキの下、ひじの内側、鎖骨。全身のマッサージはリンパ節に向かって流すのが基本★

💭 お尻が上がって脚長になる!!
お尻の位置が上がると脚の長さも延長。プリ尻も脚長も一度にかなうって、最強★

①左のお尻の下に左手をあてて、ゆっくりと脚のつけ根まで2〜3回さする。持ち上げて流すかんじでやるよ♪

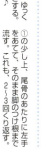

②①の少し上、尾骨のあたりに左手をあてて、そのまま脚のつけ根まで流す。これも、2〜3回くり返す。

③②よりも上の、腰の中央に左手をあて、またゆっくりと脚のつけ根まで2〜3回ほどさすっていく。

④最後は腰骨を親指と人さし指でＬ字形にはさみ、脚のつけ根まで2〜3回さする。右のお尻も同じようにやって♥

💭 ふくらはぎを引きしめる!!
体の中で最もむくみやすいふくらはぎも、さすりの魔法でキュッと引きしめ完了！

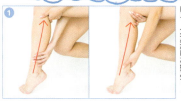

①足首に両方の手のひらをあてて、ひざ裏まで交互にゆっくりと2〜3回、さすり上げる。力加減はお好みで♪

②両手をすねの中央あたりにそろえてから、ひざ裏のリンパ節に向かって2〜3回、やさしくさすり上げる。

③足首の前に両手をそろえたら、ひざ裏のリンパ節に向かって2〜3回やさしくさすり上げよう♪

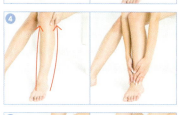

④くるぶしあたりに両手をそろえて、ゆっくりと2〜3回ひざ裏に向かってさすり上げる。このときもひざ裏に向かって★

⑤最後はひざ上に両手の親指をそろえて、お皿をなぞるような感じでひざ裏に向かって2〜3回流す。反対の脚も同じ!

💭 太もものムダ肉を撃退する!!
体を洗いながら太ももをさすれば、血のめぐりがよくなって脚もほっそり化★

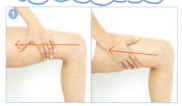

①両手を太ももの内側にあてて、交互に脚のつけ根までやさしくさすり上げる。回数は、2〜3回がベスト！

②太もものつけ根あたりを両手ではさみ込んで、ゆっくりと脚のつけ根まで手を滑らせる。これも2〜3回★

③太ももの裏のまん中あたりを両手ではさみ、ゆっくりと2〜3回ほど脚のつけ根までさすり上げていく。

④ひざ裏を両手ではさんで、ほかと同様に2〜3回、脚のつけ根までさすり上げる。反対の脚も同様に行なう★

冬デブあるある CHECK表!!

あなたはいくつあてはまる？

冬ってなんか太っちゃう…と思ってるJK諸君！ 理論上ではヤセやすい冬に太るってことはその原因は行動にあるはず。ありがちなおデブ習慣、何コあてはまるかチェック!!

撮影／清水通広(f-me)

3 JKは冬でも生脚!!

"いつも生脚!"はJKの合言葉。だけど、体を冷やすと血液やリンパの流れが悪くなって代謝が下がるって知ってた？

→ れいぽよは ◯

「制服にタイツってダサくない？ GALは寒さよりおしゃれ優先!」

2 季節関係なくフラペチーノ!!

冬でもスタバのフラペチーノは鉄板★ でも、冬の冷たい飲み物って内臓を冷やすから、むくみの原因になりやすいんだよ!!

→ れいぽよは ◯

「寒いときになぜかアイスを食べたくなるノリと一緒だよね」

1 寒すぎてふとんから出られない

寒いからと理由をつけて、ぐだるのはNO！ しっかり目覚めて、体内時計をリセットして★

→ れいぽよは ◯

「寒いの嫌いだから寝てたい！ 目覚めてすぐ動くなんてムリ」

本来、冬はヤセやすい季節!! え!?

冬の寒さに対抗して、体はがんばって体温を上げようとする。すると、基礎代謝がUPするってワケ！

あてはまるのが

☑ 0〜3コのコは冬デブの心配ゼロ
冬だからといって太ることはないTHE優等生♥ だからといって油断はするべからず！

☑ 4〜9コのコは冬デブ予備軍
冬デブになる可能性がややアリ★ 意識せずに、ついつい…なんてことが多いのでは？

☑ 10〜15コのコは典型的な冬デブ
ずばり冬デブ女子そのもの！ 冬がやってくるまえに、生活をきちんと見直さないとダメ★

☑ 16〜20コのコはもはや雪だるまらのデブ体質。冬デブとかいってる場合じゃなくて、根っからのデブ体質。冬はそれが倍増するだけ…！

4 代謝UPも意識して2時間半身浴

冬の長すぎる半身浴は、汗が出るどころか肩が冷えて逆効果。冬はなるべく全身浴で、体全体をあたためて。

→ れいぽよは ✗

「さすがに2時間はないけど、1時間はする。ぬるくなったら追いだきで保温」

5 暖房設定は27℃！こたつは友だち♥

寒いからこそ体が体温を上げようとして脂肪を燃やすのに、ずっと暖かい状況にいたら効果なし。

→ れいぽよは ✗

「こたつは魔物！ あったらダメ人間になるからあえて置かない」

8 ギリギリまで寝てて朝ごはんを食べる時間がない

朝ごはんを抜くと血糖値がダウン。さらに昼のドカ食いで血糖値が急上昇して、デブまっしぐら！

→ れいぽよは ◯

「朝は食欲がないし、めんどくさいから食べずに寝ていたい♥」

「ダイエット中だし！」

7 イベント続きで食べすぎたから断食

食べないダイエットは、栄養が偏るうえにストレスがたまってリバウンドしやすいからNG。

→ れいぽよは ◯

「食べすぎたら次の日は飲み物だけ。よくやるから慣れてる」

6 ゆるっとしたニットが好き♥

ゆるニットは可愛いけど、自分の体型を自覚しにくくしてしまうので、かなり危険!!

→ れいぽよは ◯

「モテ=ゆるニットでしょ♥ モテたいって理由で着るの！」

10 ホットのミルクティーばっか飲んじゃう

寒いときに飲むホットミルクティーやホットココアは絶品。でも、砂糖たっぷりで糖質を取りすぎることに。

→ れいぽよは ◯

「ホットの甘いヤツ、最高！ ミルクティーもココアも濃くて甘いのが好き♥」

9 冬休みは毎日夜ふかし

ヤセるホルモンは夜に分泌されるので寝ないと損！ ムダに起きているとお菓子を食べちゃう危険性もあり!!

→ れいぽよは ◯

「ていうか、つねに夜ふかし！ でも動画を見てるだけで食べはしない」

冬には冬の♥ヤセる！ Popteen Part4 冬から始める体質改善

14 年末年始やクリスマスは友だちとの予定でいっぱい
イベントや予定がいっぱい＝食べる機会もいっぱい。楽しさに身を任せて食べすぎる…なんてことも！
➡ れいぽよは ✕
「今年は彼氏とまったり予定♥」

メリクリ〜

13 大そうじが終わらない
日ごろのだらしなさはダイエットにも共通。あしたやればいっか…は、ダメ子のいい訳。
➡ れいぽよは ○
「部屋のそうじはママがやってくれるから甘えてる♥」

12 ケーキ食べたぶんごはんを減らす
お菓子とごはんは、カロリーが同じでも栄養素は別。必要な栄養素がとれないと、代謝も悪くなる！
➡ れいぽよは ○
「ごはんを食べるより、むしろ、甘いものだけを食べたいってのが本音！」

うま♥

11 たくさん着込んであったまる♥
代謝を上げるためには、白湯（さゆ）を飲むなど、体を内側から温めるのが大事。外側から温めても、あまり効果性なし★
➡ れいぽよは ○
「冬はヒートテックとか重ねる。冷え性だし着込まないなんてムリ！」

ブルブル

18 帰り道の肉まんウマすぎ！
寄り道してあったかいものを食べたくなるけど、カロリーの高い間食の誘惑に負けず、そのお金を貯金しとこ！
➡ れいぽよは ✕
「食べ歩きは恥ずかしくてムリ。間食するなら、やっぱ甘いケーキ！」

17 冬になるとチョコが食べたくなる♥
冬になるとチョコレートの新商品が続々登場。甘いワナは魅力的だけど、高カロリーなので油断禁物。
れいぽよは ✕
「まえはチョコが好きだったけど、いまはアイスのほうが好き♥」

16 「冬眠したい」が口グセ
動物的本能で、冬眠に備えてたくさん食べ物を摂取して脂肪を蓄える季節。人間は冬眠しないけどね！
➡ れいぽよは ○
「冬眠したーい！ できることなら、冬はふとんでずっと寝てたい」

15 歩くときは手をポケットにIN
ポケットに手を入れると、自然とネコ背になるよ。姿勢が悪いと代謝も下がるから要注意！
➡ れいぽよは ○
「寒い日はだいたいポケットに手を入れてる。でも、姿勢に気をつけてるからだいじょうぶ」

19 コートで見えないからコーデは手抜き
おしゃれに気を使わなくなると、太ったことも気にならない。入る服じゃなく着たい服を着よう♥
➡ れいぽよは ✕
「コーデを脱いだらダサいとか、絶対ヤダ!!プライドが許さない」

20 冬の間はバス通学
徒歩通やチャリ通を、寒いからってバス通に変えると、一日の運動量がガクンと減少！
➡ れいぽよは ○
「家から駅が遠いから、冬に関係なくバス。通学中は歩かない」

知らないうちにデブ道まっしぐら!?

ONKATSU

体温が1℃上がると基礎代謝が12%UP♥

だから寒い冬は体温を上げることが大切!!
高い体温を維持するためには、多くのエネルギーが必要! 冷えないように心がけ、平熱を上げる努力で代謝UP♥

私たちが体をはって調べました!

冷えるとこんな問題も!

肌荒れ
体が冷えると新陳代謝も落ち、肌のターンオーバーがうまくいかず、肌荒れにつながる。

むくみ
リンパの流れが悪くなり、体内の水分の循環も落ちて、体が水分をため込み、むくむ!

生理不順
冷えて血行不良になると、ホルモンバランスがくずれるため、生理不順を引き起こしちゃう。

長谷川愛里チャン　あいりーん　平熱36.3℃
滝川姫奈チャン　タキヒナ　平熱36.1℃
のんたん　平熱36.0℃

まずは冷えを取ってヤセ体質に♪

冬こそ体温を上げてヤセる "温活"!

冷えに効くってウワサのネタをJK3人が実際にやって効果を検証★
冬は気温が下がるから、何もしないと体が冷える一方!! ダイエットの大敵"冷え"を取り去るべく、体温を上げる"温活"で代謝力も上げていこ〜!!

撮影／堤博之

難しいことはわかんない! 簡単すぎる温活
プロセスを説明されてもよくわからないけど体温を上げたいタキヒナは〝○○するだけ〟の簡単テクにトライ★

01 首や胴を冷やさない
手首や足首など〝首〟がつく部位とおなかまわりを温めると体の熱を逃がしにくい。
36.2℃　0.1℃UP!

△「マフラーと腹巻きをつけて、すぐポカポカしたのに、案外体温上がってない」(姫奈)

○「胴を温めると、内臓の動きもよくなるので、腹巻きなどで温めましょう」

02 毛布はかけぶとんの上!
シーツとかけぶとんの間に毛布をはさむよりも、上にかけたほうが暖かく、快適に眠れる。
36.5℃　0.4℃UP!

△「羽毛ぶとんの場合は体温を感知して保温性を高めるので、毛布はかけぶとんの上が正解」

03 ペットボトルで肩のツボを温める

ホットのペットボトルの底面を肩にあてて熱くなったら離す、をくり返す。
36.1℃　変化なし

○「ツボというより、肩全体を温めるイメージで。やけどには注意してくださいね」

「買ったペットボトルだとすぐ冷めた。水100mlに熱湯200mlを入れるといいらしい」(姫奈)

04 カイロをへその下に貼る

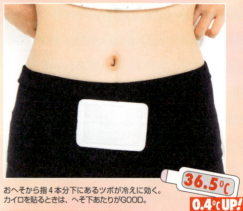
おへそから指4本分下にあるツボが冷えに効く。カイロを貼るときは、へそ下あたりがGOOD。
36.5℃　0.4℃UP!

○「冷えに効くツボがあるので。お灸などでピンポイントに温めるほうが効果大」

「時間がたつと、おなかだけじゃなく体全体が温まってきたよ♥」(姫奈)

05 5本指のソックスをはく

1本1本の指が自由に動かせるから、血流がよくなる。足指の間を刺激するのも冷えに効果的。
36.2℃　0.1℃UP!

○「足指1本1本が温まるので、ふつうのソックスをはくよりも体が温まりやすいです」

「これをはいて一日生活したら足先がいつもよりも温かった!」(姫奈)

50

冬には冬の♥ヤセる! Popteen Part4 冬から始める体質改善

いますぐ取り入れられそうな温活のクチコミ、タイプ別に15コ試してみました!

冷えに効くってウワサの15ネタを、タイプの違う3人の読モがそれぞれ試して、体温が上がるのか徹底検証!!

医学的に正しいのかもジャッジ!!
●シロノクリニック恵比寿院 副院長
中川桂先生
患者1人1人が潜在的に持つ美しさを引き出す腕は達人級!!

08 こまめに動く
36.7℃ 0.7℃ UP!

運動不足は冷えの原因に!! いきなり激しい運動をするのではなく、日常的に体を動かして。

○「階段ダッシュするとすぐ暑くなるよね! ふだんから動くように心がけて冷え解消!!」(樺音)

○「運動すると全身の血流がよくなるので、冷え解消には効果が高いです」

ドケチ関西魂も納得! ¥0でできる温活

ヤセ活にわざわざお金をかけたくな〜い!! ¥0でいますぐトライできる5つのネタに関西人・のんたんがチャレンジ♥

06 手や指先をもむ

指先には血行促進のツボがたくさん! 手のひらや爪の生え際を刺激するだけで体温が上がる♪

○「もむことで刺激されて、血のめぐりがよくなるので、体温UPに効果的です」

○「簡単なのに5分くらいでポカポカしてきた! どこでもできる」(樺音)

36.7℃ 0.7℃ UP!

---

10 足首をぐるぐる回す

足首をグルグル回すだけで、冷えやすい足先が温まる! 授業中にもできるテクだね♪

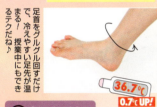

36.7℃ 0.7℃ UP!

○「体の先は冷えやすいので、末端の血流をよくするのは冷えの改善に有効」

「足首をグルグル回すだけで、冷えやすい足先が温まる!!」(樺音)

09 ドライヤーで足裏を温める

足裏の中央あたりのツボにドライヤーの弱熱程度離して、肌から10cm、1〜2分。

温めたいのはココ

36.3℃ 0.3℃ UP!

△「ダメではないのですが、長時間温風をあてるとやけどする危険もあります」

「タオルをかけた上から、ドライヤーしてみた。足全体を温めたよ!」(樺音)

07 お風呂のときはつねに足湯

髪や体を洗うときなど、湯船から出ているときも洗面器にお湯をはって足をつけ、体温キープ♥

○「足は冷えやすいので湯船につかるとき以外も温めるのはとてもよいです!」

「コレ、ウチもいつもやってる! お風呂ずっと体が冷えないから効果が高いんだ♥」(樺音)

36.6℃ 0.6℃ UP!

憧れの人に近づきたい! セレブっぽ温活

海外セレブに憧れるあいりーんが、おしゃれアイテムを使った温活を、なりきりお試し♥ 美意識もあがる★

12 ハーブティーで体温UP

発酵しているお茶は体を温める効果が♪ ホットのハーブティーで、体を内側から温めて。

36.5℃ 0.2℃ UP!

○「ジンジャーやサフランなど血行促進に効果的なハーブだと、より効果的です」

「寝るまえにミントのハーブティーを飲んだら、リラックスできたし、ポカポカしたままぐっすり眠れたよ」(愛里)

11 ホットドリンクにココナツオイルIN

体を冷やす脂肪を分解する効果のあるココナツオイル。体を温めるホットドリンクに入れて取れば、一石二鳥♥

△「継続することで冷えが改善する可能性はありますが、即効性はなし」

「コーヒーにオイルを入れたら口当たりが滑らかに。腹モチも◎」(愛里)

36.5℃ 0.2℃ UP!

---

15 お風呂にはバスソルト

体を内側から温めるバスソルト。セレブの間では"エプソムソルト"という硫酸マグネシウムが人気。

セレブ人気のエプソムソルト

36.7℃ 0.4℃ UP!

○「塩分が汗腺に入り、体温低下を防止。血行もよくなるのでダブルで効果的」

「エプソムソルトを入れたら、湯船につかってるときにたくさん汗をかいて心地よかった。ポカポカも続いたよ!」(愛里)

14 朝にレモン白湯を飲む

カップ1杯の白湯にレモン果汁大さじ1杯を入れる。レモンには血行促進効果があるよ!

○「白湯自体胃腸を温めますが、レモンに含まれるクエン酸でさらに代謝がUP」

「ちょっとすっぱいけどサッパリしてたから、朝の目覚めもよくなったよ」(愛里)

36.5℃ 0.2℃ UP!

13 フェンネルシードウオーターを飲む

36.4℃ 0.1℃ UP!

発汗作用のあるフェンネルシードを水1ℓに大さじ2杯入れて沈んだものを、毎日コップ1杯飲む。

×「むくみ解消やデトックスには効果的ですが、体温上昇には関係なし」

「独特のハーブの香りが私好みだった。あまり効果は感じなかったかも」(愛里)

朝 老廃物を流しさる排せつの時間！

朝は一日のなかのデトックスタイム。寝ている間にたまった老廃物をスムーズに排せつする習慣を身につけて♥

お花を飾って水を替える

何かをめでてやさしく扱うことで美意識がアップ。お花を飾るだけでも、キレイになれる傾向アリ！

カーテンをあけて朝日をあびる

体も目覚めるし、すがすがしい気分にもなれるから、朝起きたらまっさきにカーテンを開けよう♪

> 朝の美習慣とストレッチでむくまない体が目を覚ます♥

レモンをしぼった白湯を飲む
白湯やハーブティーなど温かい飲み物とビタミンをとることで、体の中が目を覚ます♥

背伸びをする
胸を開いて美しいデコルテをつくるストレッチ。脂肪を燃焼させる細胞も活性化できるよ！

③ 肩が上がらないように首を長く伸ばしながら、肩甲骨を寄せて腕をゆっくりと下げるよ。

② 息を吸いながら腕を上げ、大きく伸びをする。腰から手首までがつながっているのを意識。

① ひざ立ちになりネコ背の姿勢に。上半身の力を抜き、息を吐きながら肩をだらんと下げる。

メイクのまえに首のマッサージ

③ 顔を横に向け、鎖骨を指2本で挟んで内側から外側へとすべらせる。このマッサージで肌ツヤもよくなる♥

② そのまま、首スジにそって鎖骨まで指をすべらせる。顔のむくみをキレイさっぱり流しさるイメージで♪

① スキンケアついでに首まわりのマッサージ。顔を少し上げ、こめかみからフェイスラインへ指をすべらせる。

美しくなれる生活習慣でサヨナラして即ヤセ！！

教えてくれたのは 龍岡玲子先生
バレエをベースにしたボディーメイク術 *バレリーナストレッチ*を考案。著書に『美やせストレッチ』（高橋書店）がある。

心のゆとりを取り戻し、ていねいに体をケアすることでむくみ知らずの体に。女性らしさを目覚めさせる美ヤセ習慣を身につけよう！

撮影／伊藤翔

夜 良質な睡眠をとるためのリラックスタイム！

夜は休息に入るための準備の時間。ゆったりとくつろいだ気分で心と体をほぐしていくことが大切だよ！

好きな香りのバスソルトで入浴

ゆったりくつろげることが大事だから、効能より香りを重視!!その日の気分でチョイスして♥

湯船の中では深呼吸

スマホは持ち込まず深呼吸でリラックス。電気を消して脱衣所の薄明かりだけにするのもオススメ。

代謝をUPさせるフットマッサージ

体に「ありがとう」という気持ちを込めながら、お風呂あがりにボディークリームを塗る★

基本姿勢
しっかり持ってね

① 足の指の間に手の指を入れて組み、反対側の手で足の少し上を支えながら足首を回す。

② 足の指を1本ずつつかみ、互い違いに前後に動かしてほぐす。これを親指から小指まで。

ハーッ
スーッ

③ 指の関節で、足の指のつけ根をくるくるほぐしたら、つけ根から足首まですべらせる。

④ 足の甲をほぐしたり、流したりするときは、足の指の骨と骨の間を、たどるのがポイント！

⑤ ふくらはぎ全体を、タオルをしぼるイメージで両手を使ってしぼりながらほぐしていく。

⑥ 手の位置を少しずつズラしながら、足首からひざ裏までまんべんなくしぼるのがポイント。

部屋着は肌ざわりのよいものを選ぶ

着ていて気持ちがいいと思える部屋着で身も心もリラックス。高いけど、オーガニックコットンは最高♥

冷えを解消するおなかストレッチ

① 指を内側に向けて手をつき、つま先はピン。息を吸いながら胸を開いておなかを伸ばすよ。

② 息を吐きながら太ももをできる限り胸に引き寄せ、おなかをへこませて息を吐ききる×2〜3回。

「セルフケアを楽しむことそれが美ヤセの第一歩♪」

朝と夜、自分をレベルアップさせるセルフケアで美しく、細くなる♥

女性らしくむくみと

美姿勢になれば見た目が即ヤセ!!

まっすぐ立つだけでスラッとして細く見える♥

教えてくれたのは 伊吹知紘先生

美姿勢セラピスト、理学療法士。肩こり専門サロン『Body Arrange』主催。ウォーキングレッスンも行なう。

姿勢がキレイだと背も高く見えてモデルっぽい♥

5秒でこんなに変わる!!

こんな姿勢ではせっかくおしゃれしても意味なし!!

まるで人類の進化!?

姿勢がよければそれだけですっきりスマートに見えるもの♥ 体重や体型が変わらなくても、姿勢ひとつで細見えできるんだったら、いますぐ改善しなくちゃ！

撮影／伊藤翔

美姿勢のとり方！

④ 肩を上げて落とす
ギューッと肩を上げたあと、ストンと脱力して肩を落とす。余計な力が抜けて肩の位置が下がるよ。

③ ろっ骨を上げる
ろっ骨に手をそえたら、骨盤とろっ骨の間を伸ばすようなイメージでクイッと上半身を伸ばす。

② お尻をキュッとしめる
ひざが外を向くようにお尻をしめると、内またが原因で起こるO脚などの問題も改善できる！

① おなかをへこませる
おなかをグッとへこませると、骨盤をまっすぐ立てられるよ。思いきりへこませるのがポイント！

正しい姿勢をとるには毎日意識してキープするのが大事！

正しい姿勢を意識してとり続けることで、姿勢筋が鍛えられ、美姿勢へと矯正することができるよ。

正しい姿勢をとれているかCHECK！

これができないコは体に問題点が!!

壁を背にして立ったとき、頭、肩、お尻の3点が壁にくっつかなかったら姿勢が悪い証拠。かかとは壁から約2cm離れたところに立つよ。

\自然と手が前にいく/
巻き肩は手のひらを外に向ける

手のひらを外側に向ける→ひじから先だけをもとに戻す。この2ステップで肩がしっかりと開いた姿勢に。

\壁に頭がつかない/
スマホ首はあごを後ろに引く

前に下がった頭の重心を後ろに移動させることで矯正。遠くを見るようにすると自然に頭を後ろに引ける★

\お尻が壁につかない/
前重心はかかとに重心を切り替える！

つま先重心の人は反り腰になりがち。1回上体を前に倒すと、かかと重心になるのでリセットできる♪

\腰と壁の距離が手2枚以上/
反り腰は骨盤を後ろ向きに立てる

まず、骨盤をしっかりつかむ。前に傾いた骨盤をまっすぐ立てるイメージで姿勢を正し、腰の位置をリセット★

一日の終わりにストレッチをするのも美姿勢につながる！

股関節のストレッチ

ガチガチに固まった股関節は骨盤のゆがみやO脚の原因。しっかりほぐして柔軟さをとりもどそう！

② 体を前に出して伸ばす
脚のつけ根が伸びる感覚を意識しながら、上体を前に出す。足の甲が浮かないように左右各30秒キープ。

① 片ひざ立ちでしゃがむ
肩の真下に手のひらをおき、片ひざを90度立てて四つんばいに。手の指はそろえて軽く外に向けるよ。

足首のストレッチ

足首とふくらはぎが硬いと、脚のむくみや体のゆがみを引き起こしやすくなるからしっかり伸ばそう。

ひざを曲げるのは絶対にダメ！
足首が硬い人は、ひざが曲がりやすい！ ムリしてバランスをくずすより、できる範囲でつま先を上げて。

脚を前後に開いて立つ
前に出した脚のひざに手をそえ、つま先を立てて左右各30秒。ふくらはぎと太もも裏が伸びているのを感じて。

姿勢が悪いとパーツもおブス!!

肉にうもれた鎖骨
悪姿勢で肩が上がるとデコルテに老廃物がたまりやすい状態に。むくみでくぼみが消える！

迫力のあるデカ顔
巻き肩やストレートネックで肩が上がると、首が短くなり顔も前に飛び出して見える！

ぽっこりおなか
骨盤が前傾するとおなかにハリがなくなり、内臓も下がってポッコリ。脂肪もつきやすくなる。

ふるまい方でもヤセ見え！細く見える歩き方

足の運び方に意識を向けるだけで歩き方が激変。ランウエーを歩くモデルになりきればスマートに！

脚が交差するときは三角形で！

踏み出すときはひざを上げるのを意識するだけで歩き方がキレイになる。ネコ背の人ほど足だけで歩きがち！

後ろに引く意識をもつ

脚が後ろにもしっかり伸びるように、手の振りも後ろまで。後ろに引く意識を持つと美姿勢で歩ける！

Part 5 引きこもりヤセネタ♡

外に出たくない寒〜い冬こそ、あったかくおうちでゆるりとヤセたい♡
って思っているJKへ向けたスペシャルメニュー！

自分磨き&
ヤセ活
始めよっ♡

夏恵・パーカ¥3456／チュチュアンナ　乃愛・ワンピース¥3456／チュチュアンナ　恵那・パーカ¥3456／チュチュアンナ

さすって、もんで、流して…3ステップでむくみ改善スッキリBODYに

だれでも簡単にできる1回3分のヤセテク!!
グーチョキパー
リンパマッサージ ♥

西洋医学と東洋医学を組み合わせ、体を健康で美しい状態に導いていく"経絡リンパマッサージ"。そんなプロのワザを、銀座ナチュラルタイム治療院・牧野先生が、POP読者のために、グーチョキパーでできる一日3分テクにアレンジしてくれたよ♥

撮影／堤博之

＼ それぞれの手の効果 ♥ ／

 グーは流す!!
親指以外の4本の指の、第1関節と第2関節の間の平らな部分でさする。やさしく行なおう。

 チョキはもむ!!
親指と人さし指のまたの部分を使ってもんだり、親指と人さし指でつまんでもむ!

 パーはさする!!
手のひらや指でさするよ。今回はヤセ目的なので、パーのときは痛気持ちいい強さが◎。

牧野先生に聞いた
経絡リンパマッサージをするとこんな効果が!!
毎日のケアで体の滞りがなく、流れがよくなると、健康&美しくなって、さらに人気や運もUP!!

＼ 教えてくれたのは ／

●銀座ナチュラルタイム治療院院長
牧野寿枝先生

やわらかなフンイキと技術力の高さから多くの著名人に人気。著書『もう手放せない!癒しのハンディオアシスBOOK』が好評発売中。

銀座ナチュラルタイム
☎03-5250-1300
HP＊http://naturaltime.co.jp

＼ グーチョキパーマッサージのルール ／

③ オイルやジェルを塗ってからやろう!
肌に手が密着するからマッサージの効果がUP。好きな香りでおうちスパ気分を楽しもう♪
 エリザベスアーデンを愛用中♥

② 気になる部位を継続的に!
 私は太ももが気になる!
2か所以上気になる部位があるコは、指先や足先など末端に近い部位を先にやって! 最低3日は続けよう♪

① 体が温かい状態でやろう!
皮ふの温度が高いと効果が出やすいから、お風呂場で湯船から出てすぐやるのがベスト!!

 **⑥ 食後2時間以内はNG!**
ルールは必ず守ろう
食後すぐや、病気、ケガ、皮ふにトラブルがあるときなどはマッサージを控えてね!

⑤ リラックスしながらマッサージ
慣れてくると、手元を見なくても、できるようになるから、テレビや動画を見ながらできちゃう♥

 簡単すぎてビックリ!

④ 生理中でもOK!
 シャワーのあとに♥
老廃物が流れるから、生理痛がやわらぐこともあるので、体調と相談しながらやってみてね。

むくみが取れてサイズダウン
代謝が悪くなると、つねにむくんでいる状態に! マッサージを続けることで、むくみが取れてスッキリ♥

コリが改善して血行促進
コリが取れないと、セルライトがつきやすい体に…(涙)。血行が促進されると、冷えも改善されるよ!!

体調やバランスが整ってモテる
顔色が明るくなり、健康的な美しさが引き出されるから、女子力がUPして、モテ効果も期待できちゃう♥

老廃物が流れてヤセ体質に
体内に不要なものをためこまなくなるから、体の内側からキレイになり、太りにくい健康体をGETできる。

今回はこの経絡リンパマッサージを
グーチョキパーで簡単アレンジ!!

一日3分でできるグーチョキパーマッサージ

ヤセたい部位別♥

1プロセス1分=気になる部位が3分でマッサージ完了！パーでさすり、チョキでもんでから、グーで流す基本の3ステップを実践！！確実に効果が出るからきょうから始めよう★

ウエスト

 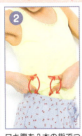 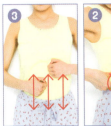

③ ウエストをこぶしの平らな部分でさする。左右交互に、手を上下に動かし、まんべんなくさすろう。

② ワキ腹を2本の指でつまみ、左右をたがい違いに動かしながら少しずつズラして、左右のワキ腹をもむ。

① 左手を右ワキ腹にあて、お肉を中央に寄せるようにさすったら、右手を左ワキ腹→中央へ。交互にする。

二の腕

① 片方の腕を持ち上げながら、反対側の手のひらで、手首からワキの下に向かってさすり上げる。

② ひじを曲げ、二の腕の下側を、ひじ下からワキの下に向けて少しずつズラしながら2本の指でもむ。

③ 手をグーにしたら、指の平らな部分を使って二の腕全体をさする。下から上にさすり上げてね！

顔まわり

③ ハチのあたりにこぶしをあてたら、ズラしながら前後に手を動かして、頭全体をさするよ。

② 親指と人さし指であごをはさみ、フェイスラインにそってあごから耳の下までさすり上げる。

① あご→耳の下、口角→耳の前、小鼻の横→耳の前、おでこの中央→こめかみをパーでさする。

足首

① 足首の前後を両手のひらではさみ込んだら、手を交互に動かして足首をさすり上げる。

② 足首まわりを親指と人さし指ではさみ、タオルをしぼるようにたがい違いに動かしてもむ。

③ こぶしの平らな部分で足首まわりをさする。前、後ろ、側面すべてをさすり上げてね!!

ひざまわり

③ ひざまわりと前ももにこぶしの平らな部分をあてたら、ひざまわりを温めるようにさすり上げよう！

② 左右の手をたがい違いに動かして、ひざを包み込むように両手のひらをひざのお皿にあてたら、さすり上げる。

① イスに浅く座り、ひざを上下やひざ頭をもむ。

お尻

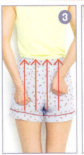  

③ お尻全体を、こぶしの平らな部分を使ってさすり上げるよ。痛すぎない力加減でやってね！

② 親指と人さし指でお尻をつかみ、つかんだ手をたがい違いに動かしながら、お尻全体をもむ。

① 腰の中央に手のひらをあて、さすり下ろしたら、円を描くように、お尻にそってさすり上げる。

ふくらはぎ

 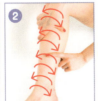 

③ ふくらはぎの側面をこぶしの平らな部分で挟み、交互に手を動かしながらさすり上げる。

② ふくらはぎの側面に親指と人さし指のまたの部分をあて、ポカポカするまでもみほぐす。

① 足首に手のひらをあてたら、左右交互に手を動かしながらひざ裏までさすり上げる。

太もも

③ 内ももをこぶしの平らな部分ですさり上げる。左右の手を交互に動かすのがポイント★

② 内ももを2本の指でつかんだら、タオルをしぼるように交互に手を動かしてもみほぐす。

① 手のひらを交互に動かしながら、ひざ上から脚のつけ根に向けて、内ももをさすり上げる。

おまけ いつでもOK！ヤセ効果大のツボはココ!!

手のまわりにあるツボなら、いつでもどこでもプッシュできる♪授業中にもこっそり押してヤセ活しちゃお！

便秘に効果的な神門

手首の小指側にあり、出っぱっている骨の下にあるツボ。親指の腹でゆっくりプッシュしよう！

手のひら全体を押す

手のひらを反対側の親指でまんべんなくほぐして血行促進。ゆっくりていねいに行うのがコツ。

イライラを改善する外関

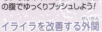

手の甲側の手首の中心から、ひじに向かって指3本分移動したところにあるツボをプッシュ!!

ストレスを軽減する内関

手首の内側の中央から、ひじに向かって指3本分移動したところにあるツボを親指で押そう★

モテ体質になれるグーチョキパーマッサージ

ダイエット以外にも効果大！

体内のめぐりをよくすると、人間関係も自然にうまくいくようになる!!首や顔を集中的にケアするべし♥

② 体の中心を、みぞおちから下腹部まで、左右の手で交互にさすり下ろしていくよ。

① 首のつけ根から首の後ろに向かって、こぶしの平らな部分で、左右同時にやさしくさする。

③ あご→耳の下、小鼻の横→耳の前、おでこ→こめかみに4本の指で左右同時にさする。

④ みぞおちからワキ腹まで、左右の手の親指以外の4本の指で、ろっ骨にそって交互にさする。

引きしめ筋トレ

筋トレはハードだから続けるのはムリって思ってない？ そんな考えをくつがえす、ずぼらJK向きの筋トレメソッドを教えちゃうよ。

撮影／清水通広(f-me)

▼ 筋トレでヤセると…

疲れにくくなる!!
筋トレをすると体力がUP！ 疲労物質がたまりにくい状態になり、むくみにも効果的♪

リバウンドしにくい!!
筋肉は脂肪を燃やすのに必要。基礎代謝もあがるので自然とヤセやすくなり、脱リバウンド。

むしろ週1でいいから続けるのが大事
続けてこそ筋トレは効果を発揮するよ★ 週1でも約2か月後には変化が現われるので継続して。

え―っ!!
筋トレって週1でOK!!
筋肉を大きくしてマッチョになりたいなら週に2～3回の筋トレが必要だけど、引きしめるだけなら週1で十分!

教えてくれたのは

CALADA LAB.
比嘉一雄先生
科学的根拠にもとづいたメソッドで数多くのダイエットを成功に導く、"研究"と"実践"のハイブリッドトレーナー★

あまり動かずにだらっとヤセたい ぐうたらずぼらさんはこっち!!

脚

座ったまま足首上げ下げ♥
ふくらはぎを細くしたい!!

① イスに浅く座り両脚はまっすぐ！
イスに浅く腰かけ、手で座面の端を持ち、バランスをとる。そのまま両脚を伸ばし、つま先を前に向ける。

② 足首を曲げてつま先を上に！
つま先が上を向くように足首を90度曲げる。再び足首を伸ばす…を15回くり返す。これを2セットやってね！

寝ながら太ももシェイプ！
太ももを細くしたい!!

① あお向けになってひざを曲げる
脚を軽く開いてあお向けになり、ひざを曲げる。つま先を立てて、両手を胸前でクロスする。

② お尻を上げてひざから肩まで一直線
かかとを床に押しつけるようにしてお尻を持ち上げて、もとに戻す。これを15回×2セット！

ごろごろクロス脚上げ
内ももを引きしめたい!!

上から見ると…
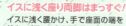

① 横向きに寝て下の脚は少し前に出す
横向きに寝たら、下の手をまっすぐ伸ばし、上の手は床につく。下側の脚は少し前に出しておくよ。

ウエスト

なんちゃって腕立てふせ
ペタンコ腹になりたい!!

① 肩の真下にひじをついて体を支える
脚を肩幅に開き、うつぶせに寝る。両ひじを曲げて、肩の真下におき、上体を起こして準備。

② おなかに力を入れて体を引き上げる
おなかをグッとへこませて、上半身を持ち上げる。顔は前向き★ このまま45秒×2回。

ワキ腹しぼりストレッチ
くびれが欲しい!!

① 片手は頭の後ろ 片足はつま先立ち
片方のひざを曲げて立ち、曲げたほうと同じ側の手は後頭部にそえておく。背スジはまっすぐにしてスタンバイ★

② 上体を横に倒してひじとひざをタッチ
上体を真横に倒しながら、ひざを真横に上げ、ひじとひざを押し合うようにタッチ!! 左右各15回を2セット♪

お尻

寝たまま脚上げ運動♥
プリ尻になりたい!!

① 横向きに寝て上体を起こす
横向きになり、両手を床について上体を起こす。脚はまっすぐにそろえておいてね！

② 上の脚を伸ばしたまま上げる
上側の脚を、つま先を前に向けたまま、まっすぐ上に上げる。左右各15回×2セット！

GUUTARA

ゆる～い姿勢をとりながらできるラクチン筋トレ♥

② 下の脚を真上に持ち上げていく!
前に出した下の脚を、太ももの内側を意識しながら上に持ち上げる。左右各15回を2セット。

週1でOKだからずぼらさんでも簡単にできる!!
タイプ別♥ゆるるん

せっかちずぼら？ ぐうたらずぼら？

てっとり早くパパッとヤセたい せっかちずぼらさんはこっち!!

つらいときはストレッチもOK!!

お尻は… 立ったまま右足を左ひざの上にひっかける。その姿勢のまま腰を下ろしていき、20秒キープ。左右各1回やろう！

脚は… 横向きに寝て、上脚の足首をつかむ。つかんだ足を後ろに引いて裏ももを伸ばし、20秒キープ×左右各2回。

ウエストは… 脚をクロスさせ、片手は後頭部にそえる。そえた手の反対方向に上体を横向きに倒して20秒キープ×左右各2回！

脚

片足立ちでかかと上げ★
ふくらはぎを細くしたい!!

① まっすぐ立ってから片足だけで立つ♥
背スジをまっすぐ伸ばして立ち、片足を逆足に引っかけて片足立ちになる★ 両手は下ろしておこう！

② かかとを上げて片つま先立ちになる
かかとを上げて、つま先立ちになり、かかとが床につかないまで戻す…を左右各8回。これを2セット。

なんちゃってひざかっくん運動
太ももを細くしたい!!

① 脚を前後に広く開いてスタンバイ
脚を前後に広めに開く。背スジはまっすぐに伸ばし、両手はリラックスさせるように下ろしておく。

② 腰を真下に落としひざは直角に！
腰を落としてひざを90度に曲げ、戻す。上半身が前方に倒れるのはNG！ 左右各8回を2セットくり返す。

上体引き上げエクササイズ
内ももを引きしめたい!!

① 横向きに寝て、片ひじをついて準備！
片ひじで上体を支え、下の脚はひざを伸ばして少し前に出しておく。上側の手で、下のワキ腹を押さえる。

② お尻を上げたら脚も上げる！
お尻を上げ、腰が前後に傾かないように意識しながら、下側の脚をふり上げる。左右各8回×2セット。

ウエスト

両手で天井タッチ
ペタンコ腹になりたい!!

① あお向けになって、両手は天井へ
両ひざを立てて、あお向けに寝る。指先が天井を向くようにして、両腕をまっすぐ伸ばす。

② 天井をタッチするつもりで起きる！
①の姿勢のまま、手を天井にタッチするつもりで上体を起こして、戻る。8回を2セット！

への字でくびれづくり★
くびれが欲しい!!

① 横向きになり手でワキ腹を支える
横向きに寝たら、下側のひじを床につき、上の脚を前方に出す。上側の手は下側のワキ腹を支える。

② 腰を持ち上げて体をへの字に★
上体はひじで支えたまま、腰をグッと持ち上げ、下のワキ腹を曲げる！ 左右各8回を2セット。

お尻

バレリーナポーズで小尻！
プリ尻になりたい!!

① まっすぐに立って片足を上げる★
背スジを正してまっすぐに立ち、片足を床から浮かせる。ひざを90度に曲げてキープしてね♪

② 脚をクロスさせて斜め後ろに伸ばす
上げた脚を斜め後ろに伸ばし、ひざが90度になるくらい腰を落とす。左右各8回×2セット。

短時間でちゃちゃっと…がせっかちずぼらの合言葉！

SEKKACHI

あいりるは鍛えてほぐして ボディーラインづくり

週4でダンスしてるあいりるは動くの大好き。寝るまえの時間も何かしら動いて体を鍛えてた♥

❷ 小腹がすいたら水でガマン

「17時に夕ごはんって決めてるから、それ以降はどんなにおなかすいてもお水で耐える！」

❶ 湯船の中ではセルライトつぶし 15分

① 筋肉ほぐし&セルライト撲滅！太ももを両手でつかみ、ひねるようにもむよ

② よーくもみほぐしたら、老廃物を流すイメージで脚のつけ根に向かってさする

❹ ベッドの上で脚を壁に立てかける 10分

脚パカもするよ！

「脚を真上に上げて、ひざ下にたまったむくみの原因を上に流すよ★ 脚が疲れた日や撮影の前日は必ずやってる！」

「壁から脚を離して、左右に開く→クロスするをくり返してエクササイズ。内ももに効く」

❸ シャンプーしながら筋トレ 5分

「立ち上がってスクワットや片足上げもやるよ。お風呂場でじっとしてるのが苦手（笑）」

「お風呂のイスに座ってシャンプーしながら、足を浮かせて腹筋&太ももエクササイズ」

❻ 開脚しながらドライヤー 15分

「お風呂と同じで、ドライヤーの時間も効率的に使いたい♪ 床に座って開脚や前屈でストレッチ！」

❺ 入浴剤は発汗タイプ

「汗をかくとお肌にもダイエットにも◎。入浴剤は発汗できるかどうかでチョイスするよ♪」

時間を効率的に使ってメリハリのある体を育ててるところ♪

めるるはカンペキな自分に近づくため努力♥

美意識グングン上昇中のめるるは、全身くまなくケア！お悩み事にアイテムを替えて着実に効果が出る方法を実践★

❶ 洗顔しながらマッサージ 5分

「プロダクトの粉洗顔と水を混ぜ、ペースト状にして筋肉をほぐすようにマッサージ★」

④「指でリンカクの骨をはさみ、耳まで流す。最後、耳の後ろのツボを押して首に流す」

③「手のひらのつけ根でほっぺのお肉を持ち上げ。ゴリゴリ感がなくなるまでやる」

②「目のまわりはやさしく。眉頭から眉尻、目頭から目尻に向かって軽くマッサージ」

①「顔全体に洗顔料をのばす。指の関節を使っておでこの中心から左右に向けて流す」

❸ 脚マッサージはニベアで！ 7分

「ニベアはチューブ派。手で温めながら脚全体にのばしてマッサージするよ」

②「こぶしを使って、ふくらはぎを足首からひざに向かって流す。すねの骨にそってやる！」

①「指の第2関節を使って足の甲をグリグリ。骨の間を通すように、つま先から足首へ流すよ」

④「太ももを左右からこぶしではさんで、つけ根に向かって流す。痛キモの力でやってね」

③「ひざの裏は老廃物がたまりやすい場所。こぶしで念入りにほぐすとむくみを防げる♪」

⑤「最後にひざにのっかったお肉を親指でプッシュ！ 脂肪をやわらかくして燃焼させる」

❷ 厚着でロパクダンス 60分

「イヤホンで音楽聴きながら踊りまくる！実際に歌ってたら親に怒られたから、ロパクで顔筋を全力で使う」

食べたらすぐ動くのがクセ！好きな音楽があればそこはジム

❹ 股関節を伸ばしながら食事をする

「足の裏を合わせるポーズでごはん食べてたら、股関節がやわらかくなった！ちょっとお行儀悪いけどね…」

❺ 準備運動はエアチャリ 15分

「ダンスのまえはエアチャリで汗をかきやすくしとく。好きな音楽を聴きながらだと楽しめる♥」

ちょっとめんどうでも、多少きつくても、時間をかけてコツコツがんばる理由は『もっと可愛くなりたい』。ただそれだけ!!

こっそり♡やってること

JK&JCにとって、美容のゴールデンタイムはやっぱり夜。可愛いコはみーんな、寝るまえタイムで自分を磨いてた★ 時短&ながら&楽しくをモットーにした個性たっぷりの寝るまえ美容をご覧あれ♪

撮影／堤博之

モデルが寝るまえに

冬には冬の♥ヤセる！ Popteen Part5 引きこもりヤセネタ♥

ほのぼぴは ダラダラしつつ "ながら" 美容

あまり美容に気をつかってなかったけど、最近はモデル仲間に影響されていろいろ試してる♥

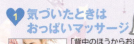

♥1 気づいたときは おっぱいマッサージ (3分)

「背中のほうから肉を持ってきてバストに流す。タレ乳を防止する意味もある♪」

♥2 お風呂場では サウナスーツ着用 (45分)

「家でも本格的にサウナ♥ドンキで買ったサウナスーツ着て入ると汗だくになる！」
「お風呂にミストサウナの機能がついてて、霧みたいのが出てくんねん」

♥2 ケータイいじりつつ筋トレ (45分)

「横向きに寝て、片脚を上げ下げ。あきやすいから、動画や音楽がないと運動ムリ！」

♥4 睡眠時間は絶対8時間！
「スチーマーをつけっぱなしにして8時間睡眠！寝不足だと肌荒れするし、顔も疲れて見える」

みうぴよは 血行促進に全力出してる

クマや顔色の悪さに悩んでるみうぴよは、血流UPが重要テーマ。つねに顔の筋肉を動かしてるよ！

♥2 シャンプーしながら頭皮マッサージ (5分)

「頭皮の血行が悪いと顔もたるむらしい！頭皮を両手で持ち上げるようにマッサージ」

♥1 湯船の中でビンボーゆすり (15分)
「40℃くらいのお湯につかって、足を小刻みにブルブルさせる。疲れるまでやるよ！」

♥4 顔マッサージは最後に肩もみ (10分)

「新大久保で買ったスキンモイスチャークリームを使ってる♥」
「首をさすって肩をもむ。肩コリがひどいからこのひと手間が大事」
「人さし指と中指で耳をはさみ、耳の前後を押しながら下方向に流す」
「4本の指をこめかみに当て、リンカクにそって親指を滑らせる」
「目の下を軽くトントンと指先でたたく。皮膚が薄いのでやさしく♪」

♥3 ほうれい線をなくす顔ヨガ (1分)
「なるべく下の位置で"お"の口をして、目を細めたりゆるめたりする。顔がブルブルするよ〜！」

みこりんは ポカポカあったか美容

寒い冬は肌も体も温めながらケアすれば効果倍増。みこりんの美肌は温め美容でつくられていた！

♥2 スチーマーをかけながら かっさマッサージ (15分)

100均で購入

「ほお骨のくぼみにそって小鼻の横から耳まで動かす。ゴリゴリする部分はくり返してね」
「お風呂後、化粧水をつけてからやるよ。まずはおでこを内から外に向かってやさしくなでる」
「最後に耳の前から首に向かって真下に流す。老廃物をリンパに流す効果があるよ★」
「かっさのくぼみの部分を使って、あご先から耳下にかけてリンカクにそってなで上げる」

♥1 半身浴中は水を1ℓ飲む (20分)

「脚の運動もするから、汗がめっちゃ出るの！ペットボトルを持ち込んでこまめに飲むよ」

西尾美恋チャン

あいりーんは 優雅にリラックス

水素水やエプソムソルトなど、セレブ御用達のアイテムで優雅にケア。高級感のある美の秘密はコレ★

♥2 マッサージチェアで体をほぐす (15分)
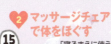
「寝るまえに使うと、全身の血行がよくなってリラックスできる♥親が買ったのを使ってるよ！」

♥1 入浴剤はエプソムソルト (60分)

「海外セレブに人気の、脂肪を燃やしてくれる入浴剤。43℃の熱めのお湯で入るよ」

♥3 骨盤チェアでヒップアップ！

「学校から帰ったら、毎日座るようにしてる。テレビを見ながらボーっとしてるだけ♪」

♥5 食べすぎた日は10分エクササイズ (10分)

「YouTubeの『食べたことをなかったことにするダイエット』の動画を見て一緒に動く★」

♥4 お風呂あがりに水素水

「お風呂のあとや、朝昼晩に1本ずつ飲んでる。代謝がよくなって便秘やむくみに効果的」

モデル以上に美意識高い!? リアルJC&JKが美容のためにやってること♥

夜の美活に時間をかけてる意識高めのJC&JKがやってることもご紹介！時間やお金を有効活用する、驚きテクの連続★

♥3 全身すべてもみまくる (30分)
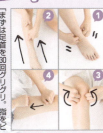

「まずは足首を30回グリグリ。指をピースにしてすねの骨をはさみ、さすり上げたら、ひざまわりもグリグリ。前ももも骨にそって流して完了」
「二の腕は骨と肉の間あたりに指を入れて、力強くなで上げる。老廃物が流れて、気分もスッキリするよ！」
「細くなりたい部位を順番に、アニメ動画を見ながらもんでる。きゃしゃな手首めざしてモミモミ」(みか)

♥2 腸の動きを活性化して便秘解消 (5分)

「最後に、指先でおなかをチョップして刺激を与えるよ。全体にまんべんなくやろう！」
「重ねた両手のつけ根をつかって、おへその上下左右4か所をさらにグリグリ。これも時計回りにやる」
「重ねた両手のひらにおへそを込めて、おへそのまわりを時計回りにグルグルさせ、マッサージ」(桃子)

♥1 ムダな肉を胸に寄せる (5分)

「胸がタレないように、片手で下から支えたら、デコルテのムダな肉も胸に向かってグイグイ流す！」
「おなかをへこませた状態で、下から上に肉を動かす。へこませたほうが肉をつかみやすいよ」(みか)

美意識高めのJC&JKも！POPモデルも！ みんなの"可愛い"のヒミツは夜にあった！

Part 6
冬の食事

何かと栄養を蓄えてしまう冬…。おいしい食べ物もたくさんある時期だし、とくに食事には気をつけたいよね！

撮影／堤博之　スタイリスト／tommy　ヘアメイク／YUZUKO
●掲載商品の問い合わせ先はP.128にあります。

恵那・パーカ¥5430／chuu　夏恵・スエット¥4309／W♥C　乃愛・スエット¥3844／W♥C　中に着たシャツ¥4957／イーハイフンワールドギャラリー ルミネエスト新宿

冬っておいしいものがいっぱい…

まずはカロリーについて学ぼう!!

正直カロリーって何?ってコも少なくないはず。まずは基礎知識をしっかり学ぼう♥

カロリーとは…
エネルギーの単位。それを食べるとどのくらいのエネルギーになるのかを表わしているよ。糖質、脂質、たんぱく質がエネルギーのもと。

高カロリーのものを食べて太るのはなぜ?
消費しきれなかった余分なエネルギーは脂肪として体内に蓄積される。しっかり消費すればOK♪ 高カロ=太るってわけではない!

摂取カロリー > 消費カロリー → 太る!!

消費カロリーって?
呼吸や体温維持のために使われる基礎代謝に、身体活動による消費カロリーがプラスされる。基礎代謝量が全体の約60%。

消費カロリー = 基礎代謝量 + 日常生活の消費カロリー + 運動して消費されたカロリー

基礎代謝量って?
生命活動のために必要な最小の一日のエネルギー代謝量。何もしなくてもこの数値分のカロリーは消費されてるってことだよ!

計算式はコレ!!

体重 × 29.6 (12〜14歳)
　　　 25.3 (15〜17歳)
　　　 22.1 (18〜29歳)

例
- 20歳で45.8kgのなちょすは1012.2kcal
- 18歳で38.9kgのちゃんえなは859.7kcal
- 17歳で55.4kgのゆうちゃみは1401.6kcal

計算できないコのための早見表♥

	12〜14歳	15〜17歳	18〜29歳
40kg	1184	1012	884
42kg	1243.2	1062.6	928.2
44kg	1302.4	1113.2	972.4
46kg	1361.6	1163.8	1016.6
48kg	1420.8	1214.4	1060.8
50kg	1480	1265	1105
52kg	1539.2	1315.6	1149.2
54kg	1598.4	1366.2	1193.4
56kg	1657.6	1416.8	1237.6
58kg	1716.8	1467.4	1281.8

つまり 基礎代謝 + 生活運動カロリー が 摂取カロリー を上回ればヤセられる!!

燃やして出して体をつくる!! 代謝力を上げるフード♥

代謝って言葉はよく耳にするけど、実際はよくわかんなくない？ 代謝の力の意味を知って、有効活用すべし♥

撮影／清水通広(f-me)

代謝とは
食事で取り込んだ栄養素を、体を動かすエネルギーに変えて利用し、いらないものは排出するという体内システム。

代謝が上がると ヤセやすくなる♥
体内の組織や細胞の新陳代謝が高まってエネルギーが燃えやすく！ つまりヤセやすい体質に変化。

代謝が下がると 太りやすくなる！
本来、排出すべきの栄養素を体にため込んでしまうため、ヤセにくい体質に。便秘の原因にも！

代謝力をつけてヤセやすい体質に改善しよう!!

代謝力 1 燃やす

摂取したカロリーを燃焼するのが、燃やす力。この力がないと血行やリンパの流れが滞る!!

注目すべきは 香辛料
体を冷やさないために、燃焼効果のあるしょうがやとうがらしなどのスパイスが効果的。

ちょい足し飲み物で燃やす！

しょうがチューブ×紅茶
マグカップにしょうがを約2cm入れてから、お湯→ティーバッグの順番でつくるとGOOD。

七味とうがらし×豚汁
具だくさんで栄養満点な豚汁にお好みの量の七味をプラスしてカプサイシン効果もGET★

こんなコは燃やす力が弱め
☐ 体温が低く、冷え性
☐ 湯船につからず、シャワーですませる派だ
☐ 冷たい飲み物が好き

代謝力 2 捨てる GO!!!

老廃物を排出するのが、捨てる力。うまく働かないとむくみやすくなる！

注目すべきは 食物繊維
快便を促してくれる食物繊維は、捨てる働きを手助け。ヨーグルトなどの乳酸菌も効果的。

コンビニおやつで捨てる！

SOYJOY
大豆粉メインだから食物繊維はもちろん、イソフラボンなど女子にうれしい栄養素が豊富。

くきわかめ
カロリーが低いくきわかめは、食物繊維のかたまり。また、ビタミンAやカリウムも豊富。

こんなコは捨てる力が弱め
☐ 脂っこい食べ物が好き
☐ あまり水分をとらない
☐ 便秘ぎみである

代謝力 3 つくる

筋肉や骨をつくるのに必要な代謝力。この力が下がると、エネルギーが脂肪となって体内に蓄積される。

注目すべきは たんぱく質
良質なたんぱく質は、体をつくるたんぱく質(アミノ酸)と構造が近いので、不可欠！

レジ横食品でつくる！

フランクフルト
糖質が低いフランクフルト。栄養素も豊富だけど、カロリーは高いから食べすぎには注意！

おでんのつみれ
魚のすり身でつくったつみれ。ほかにも、ゆで卵やツブ串、タコ串などの具もオススメ♥

こんなコはつくる力が弱め
☐ 肉や魚をほとんど食べない
☐ 食べる量が少ないのに太る
☐ 食事制限がきっかけでリバウンドしたことがある

運動ギライ 食事だけでヤセたいコは
糖質セーブ ＋ たんぱく質 ＆ 脂質 推し♥

カロリーを減らすより、代謝に必要な栄養素で体を満たすことが重要！エネルギー源になるだけでなく、ホルモンの材料にもなる脂質をとろう♥

まずは3大栄養素を学ぼう！
ダイエットに必要な最低限の知識として、糖質・たんぱく質・脂質の働きを覚えておこう！

脂質

体を動かすエネルギーとして使われるほか、代謝に必要なホルモンの材料になる。ナッツ類・油などに含まれているよ。

たんぱく質

代謝に必要な筋肉や髪・血液・皮ふなど体の構成要素になる栄養素。肉・魚・卵・大豆製品・乳製品などに含まれる。

糖質（炭水化物）

体を動かすエネルギーとして使われる。体内で余った余分な糖質はぜい肉に…。ご飯・パン・めん類などに含まれる。

体脂肪を燃やすには 体を脂質代謝モードに!!
空腹時にたんぱく質や脂質をとると、体が脂質を消費するモードに！糖質を取ると糖質消費が優先されちゃう。

食事ダイエッターたちのありがちカン違い！
ダイエットのためにガマンしてること、栄養を考えて食べているもの…ホントに意味ある!?

余裕〜♥ 野菜ジュース飲んでるから栄養的にはOKでしょ♪
→ **具だくさんみそ汁のほうが効果大！**
果物多めの野菜ジュースってじつは糖質が高め。みそ汁のほうが、具をかむぶん満足度もあがる。

No!! 本当はご飯大好きだけど！炭水化物はデブるからガマン
→ **お茶わんに軽く1杯程度ならセーフ**
ガマンすると、のちのちリバウンドする可能性大。1食80g＝にぎりこぶし1コ分までならOK★

野菜ってヘルシー♥代謝も上がるからサラダって最高！
→ **肉と魚を一日手のひら2枚分とるほうが◎**
代謝にはたんぱく質が最重要。野菜の栄養素は魚や肉でもとれるよ。理想は魚や肉200gと卵3コ。

オススメの具材は マゴワヤサシイ

マ	豆	みそ、納豆、豆腐、大豆、湯葉、豆乳などの豆製品。
ゴ	ごま	ごまなどの種子類、ナッツ、くるみ、アーモンドなど。
ワ	わかめ	わかめ、ひじき、こんぶ、もずく、のりなどの海藻類。
ヤ	野菜	緑黄色野菜がベスト。ほうれんそう、にんじん、かぼちゃなど。
サ	魚	小魚や青魚（サンマやサバなど）は良質な脂質が豊富！
シ	しいたけ	しいたけ、まいたけ、エリンギ、えのきなどのきのこ類のこと。
イ	いも類	さといも、さつまいも、やまいもなどのいも類を示すよ。

モチベあげるためダイエット食品を購入♥これなら食べてもいい！
→ **食品ラベルをちゃんと見て〜!!**
加工食品よりも素材のわかるものがベター。ラベルを見て、わからないカタカナが多かったら避けて。

油っこいものは敵！ノンオイルかはつねにチェック!!
→ **良質なオメガ3で代謝を上げる！**
代謝をサポートする〝オメガ3〟をとろう。青魚、亜麻仁油などが代表。サラダ油などは代謝を妨害！

オススメ食材は サラダチキン
コンビニで買えて、手軽にたんぱく質を摂取できる。味つきだからそのまま食べられるのも長所。

オススメ食材は ブロッコリー
代謝力のあるたんぱく質、美肌力と免疫力を上げる効果のあるビタミンCなど栄養豊富な最強食材!!

食べてるのに体脂肪が燃焼されるなんて奇跡じゃん！

コンビニで買っていいもの悪いもの!!
糖質＆脂質の多い食品が多いコンビニ。おつまみコーナーとおそうざいコーナー以外は近寄らないほうがいいかも！

NG！ 0カロ飲料／からあげ棒
レジ横の揚げ物は一見たんぱく質によさそうだけど、揚げ油が代謝を下げる成分なので避けよう！

OK♥ 弁当／チーズ／お茶／ナッツ／サバ缶
塩分の入っていないナッツ、高たんぱく質なスルメはおやつにOK。飲み物はお茶か水をチョイスして。

食べるならどっちを選ぶのが正解!?
似たような食べ物があったとき、どうせならヤセやすいほうを食べたいよね♪ 材料が一緒でも調理法によって効果が変わってくるからチェック!! 代謝の上がる食べ物を選んで効率よくヤセ活しよう♪

納豆 VS 豆乳

大豆にわずかに含まれる有害物質が、発酵することで無害化されているという点で納豆の勝ち!!

ハンバーグ VS ステーキ

ステーキのほうがどこの部位の肉かはっきりわかるし、ヤセエキスともいえる〝だ液〟がしっかり出る♥

一日3回少なめご飯 VS 一日2回ふつう盛りご飯

糖質と脂質を同時に取ると脂肪になりやすい!! 1回にとる糖質の量よりも回数を減らすほうが◎。

温泉卵 VS ゆで卵

たんぱく質の摂取量は変わらないので、おやつならゆで卵、食事は温泉卵と使い分けて。

こしてるかも!? マジ!?

食べずにカロリー抑えて減量に成功♥ってよろこんでるそこの女子!! 逆に脂肪だらけの体になっちゃうよ！体脂肪を燃やしたいなら食べるのがいちばん♪ 今回はヤセる食べ方をレクチャーします♪
撮影／堤博之

教えてくれたのは 森拓郎サン

トレーニングだけでなく、いろいろな角度からボディーメイクやダイエットを指導する運動指導者。多くの著名人の支持を集め、メディアにも多数出演している。

必要なのは食事制限
注目すべきは 食事改善
カロリー＜栄養素

食べずに運動するダイエット法は、体内の栄養不足を引き起こし、冷え性など別の問題の原因になる可能性もある!!

運動習慣があるかないかでとるべき栄養素が違う！

糖質 + たんぱく質 で 脂質カット♥

運動習慣アリ！ 軽い運動をしながらヤセたいコは

運動しないコにとって脂肪のもとだった糖質も、運動するコにとっては大きな味方！運動効率が上がり、筋肉の組成にも効果的。そのかわり脂質を抑えよう。

オススメ食材は バナナ
脂質の少ない炭水化物なら、体脂肪になる割合は少なめ！ブドウ糖という糖質を含むバナナは◎。

体脂肪を減らすのが大事

- ダイエットしなきゃ → 筋肉 脂肪：すぐに減量したいからといって、カロリーを抑えたムリな食事制限ダイエットを開始。
- ヤセた〜：体重は確かに減ったけど、体内の脂肪だけでなく筋肉量も減少…。代謝量がダウン。
- リバウンド：リバウンドするときに増えるのは体脂肪オンリー！またムチャなダイエットを再開。
- あれ？：ヤセたぶん、再び体脂肪＆筋肉量が減少。筋肉がどんどん減って、体内の脂肪の割合増！

まちがったダイエットは**隠れ肥満**になりやすい!?
リバウンドをくり返すたびに筋肉が減り、体脂肪率は上昇。体重は標準でも脂肪だらけの隠れ肥満になる！

ちなみに 糖質×脂質は**最強デブメニュー！**

余分な糖質は脂肪に変化。糖質と一緒に脂質をとると、脂質も一緒に脂肪化しちゃうからますますお��ブ化！

しっかり食べて筋肉つける！！
体脂肪を燃やすには

体を動かすときのエネルギー源となる糖質を取ってトレーニングに励み、代謝を促す筋肉量を増やそう★

運動もしてるコたちの食事法
せっかく運動してるのだから、筋肉の合成を効率よく行なうために食べるべきものを知って、脂肪燃焼効果を高めよう！

イチ押しは納豆卵かけご飯 
ご飯（糖質）＆納豆・卵（たんぱく質）の組み合わせならおなかの満足度も◎。具だくさんみそ汁を合わせればカンペキ。

脂質ゼロだと女子力もゼロに!!
筋肉合成に必要なホルモンの材料になる脂質をゼロにすると肌の潤いもなくなって最悪。一日40gの脂質は最低摂取★

低カロ食生活＋運動だと代謝ダウン！
筋肉をつけたいなら、糖質を取ったほうが効果的★ 低カロの生活を続けると、筋肉がけずられやすく、逆に基礎代謝が下がってしまうっ!!

運動後30分以内に糖質をとって筋肉UP

運動中に使った糖質を補給しないと筋肉が組成されない。運動直後30分以内に吸収率の高いおにぎり・パンなどを食べて。

オススメ食材は 干しいも
脂質はゼロに近く、食物繊維やカロテンも豊富に含まれている。スイーツ感覚で食べちゃって♪

運動ダイエッターたちのありがちカン違い！
運動だってやればいいってもんじゃない！代謝を意識して効果をあげよう★

- **とりあえずヤセるには有酸素運動**

  とりあえず歩けばヤセるっしょ
- **代謝を上げるなら筋トレ!!**

  有酸素運動でカロリー消費はできても、代謝は上がらない。脂肪を燃やしたいなら筋力UPが先決！
  そうそう ムキムキにはならない

- **正しいフォームを意識して！**

  脚を前に出すのではなく、おへそをつき出して自然と前に進むイメージで！一日1万歩が目安♥
  多少きついくらいがベスト

- **できるようになったら強度を上げる**
  慣れたら腹筋50回って余裕!!
  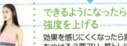
  効果を感じにくくなったら変化をつける必要アリ。筋トレは10回が限界くらいの負荷が◎。
  1. 多少きついくらいがベスト
  2. 慣れたら回数や負荷を増やす
  3. バランスよく全体を鍛える
  4. 効果が出るまで継続して行なう
  5. 運動中は筋肉への働きを意識

- **ヤセやすい体をつくるならHIIT**

  食べたぶん走ってカロリー消費しなきゃ!!
  代謝アップスイッチを入れる運動なら、その後約5時間脂肪燃焼効果が持続。4分でできるHIITがオススメ。
  20秒間全力で足踏みをして10秒休む。これを4〜8セットくり返すだけ。
  壁に対して肩よりも下の位置（斜め30度）に手をつき、体を後ろに下げる。

代謝のいい体になりたいなら筋肉の大きい背中・胸・お尻＆太ももを鍛える！
体の筋肉のなかでも大きな面積を占める3つの部位を鍛えれば、代謝も上がるし見た目もしまってメリハリのあるラインに変化するよ！

お尻＆太ももは ワイドスクワット
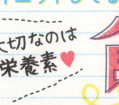
① 脚を大きく開き、つま先を30度開く。両手をクロスさせ、ひざを足の小指方向に向ける。
② 体重をのせるイメージで、お尻を落とし、戻る×10回。起き上がるときにお尻をしめて。
NG！ 体を起こすときにひざを伸ばすと、出っ尻姿勢になってお尻があがらないよ！

胸は 腕立て伏せ

ひざの高さのイスを使用。両手を座面につけたら、肩を外側に広げ、胸をゆっくり座面につける。ひざは床につけたまま10回を2セット。
OK♥
NG！ 肩が上がり、腰が落ちた状態ではただの"腕立て曲げ"になり、筋肉に効果ナシ。

背中は チューブローイング
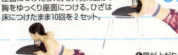
① ひざを軽く曲げ、チューブ（100均で買えるよ）を足にかける。手のひらは下向き！
② 胸を引き上げるように肩を下げつつひじを後ろに引く。手は上向きで2秒キープ×10回を2セット。

必要なことをシンプルにやることがヤセにつながる
浅谷珠琳チャン

ダイエットしてるコにありがちな食事＆運動のカン違いが隠れ肥満を引き起

大切なのは栄養素♥ 食べてもヤセるって

だ糖質制限ダイエットだよ！

そもそも糖質制限って何〜!?

糖質制限メニューってこんなだった!!

質素でさっぱり！なダイエットらしいごはん！

糖質をOFFするなら、サラダやお豆腐、お魚を中心にしたメニューが一般的。だけどいかにもダイエットってかんじ…。

従来の糖質制限だったのがこれらを控えるのが!!

ちなみに甘いもの＝糖質ってのはまちがい!!

糖質とは、「消化・分解されてブドウ糖になる」食べ物のこと。麺類やご飯、ピザなんかも糖質を多く含む。

肉でも脂でもなく太る原因の糖質を控えるダイエット

糖質を多く含む食品

糖質53g　糖質62g

糖質59g

ダイエットの天敵であるこれらの食品には、糖質が多く含まれていて、過剰に摂取された糖質は、脂肪として体の蓄えになってしまう。

質素なごはんのダイエットって続かない…

でもこれからは 肉・卵・チーズ が食べられる!!

超簡単ルール 1
肉200g、卵3コ、チーズ120gを毎日食べる!!

＼肉・卵・チーズだとこんなかんじ！／

これでダイエットになるの!?って思うボリューム感!!

いままでのダイエット食は…

カロリーを考えた食事はさっぱりおかずばかり…

ひもじい思いをしない！満腹になる!!

このダイエットなら、毎日肉200g、卵3コ、チーズ120gの高脂質・高たんぱく質な食材を優先的に食べることでおなかを満たし、余計な糖質が食べたいと思わなくなるよ！

肉はなんでもOK

牛肉・豚肉・鶏肉なんでもOKで、調理方法も問わないよ。ステーキでもハンバーグでもしょうが焼きでもいいって、ダイエットには革命的！

豚でも！ 鶏でも！

チーズや卵を間食にしてもOK！

3食のほかに、おなかがすいてしまったときはさけるチーズやゆで卵など、コンビニで買えるものを間食にしてもOK！ ここで糖質のおやつを食べてしまうのはNG！

多いコは減らしてもOK！

ムリに食べるのではなく、あくまで肉・卵・チーズでおなかを満たすことが大切♪ どれかにアレルギーがあるコは、他2品を増量して対応してね。

超簡単ルール 2
ひとロ入れたら箸を置き30回よくかんで食べる

ここが大事！ 満腹感を得るためには20分かかるといわれているので、早食いは禁物！ 口に入れてはよくかむを心がけて。

もぐ もぐ　ぱくっ

コレでヤセるといいこといっぱい♡

GOOOOD!! これから
- 頭スッキリ集中力バツグン
- しっとり肌
- くっきり鎖骨
- バストUP
- 体ポカポカ
- むくみ解消
- 髪ツヤツヤ

BAD!! いままで
- まつ毛抜ける
- げっそりしたデコルテ
- ハリのないバスト
- お肌シワシワ
- 歯周病
- 髪パサパサ
- 細くてもたるんだおなか
- 脚のむくみ・冷え

動物性の食品を重視して食べるからげっそりとした見た目にならずに、体が元気にヤセられるらしい♪

ダイエット!! ズを食べてヤセる!!

流行の糖質制限よりさらに進んだダイエットがあった!! お肉と卵とチーズの高カロっぽい3つを、おなかいっぱい食べてるのにヤセられるって魔法のようなダイエットのトリックを教えちゃうよ♪

太りそうな食べ物なのになんでヤセるの!?
糖質を避けるのではなくまず 肉・卵・チーズで満腹に！

糖質を制限するのではなく自然に食べなくてすむようになる食事法。しかも人体にとって必要な必須栄養素のたんぱく質、脂質、ミネラル、ビタミンも、この3つの食材で網羅できちゃうよ。

料理制作・監修／松岡明理[P.71]　撮影／尾藤能暢、堤博之[一部静物]

肉・卵・チーズでヤセるって!? → 一歩進ん

肉・卵・チーズを使った簡単レシピ教えます♥

カリカリ油揚げの和風ピザ★

糖質制限しても食べられるジューシーなピザがあった!!

材料
🅐 油揚げ2枚、鶏もも肉150g、アスパラ1本、チーズ50g、レモン汁小さじ1、塩・こしょう少々、仕上げのり適量
◎マヨネーズ小さじ2、しょうゆ小さじ1
🅑 アボカド1コ、ゆで卵2コ
◎マヨネーズ大さじ1、レモン汁小さじ1、わさび小さじ1/2、塩・ブラックペッパー各少々

1 油揚げを半分に切って熱湯をかけ、油抜きをする。油抜きをすると油っぽさが取れるよ

🅑1 アボカドを半分に切り種を取ったら、スプーンでくり出して、ひと口サイズに切っていくよ。

4 アスパラは根元を切り、硬い皮はピーラーでむいてね。斜めに切り、さっと塩ゆでするよ！

2 マヨネーズとしょうゆを混ぜ合わせたものを先ほどの油揚げに塗っていくよ。これがピザ代わりに！

🅑2 ゆで卵を4等分に切り混ぜ合わせた調味料とアボカドを合わせて完成。わさびがきいたサラダだよ♪

5 油揚げに鶏肉、アスパラ、チーズをのせてトースターで8〜10分、チーズが溶けるまで焼いて完成！

3 鶏肉を細かく切って焼き、塩・こしょうをふる。余分な脂をふいてから、仕上げにレモン汁をかけるよ。

こくうまチーズソースのふっくらハンバーグ

濃厚なチーズソースがクセになっちゃう一品♥

材料
🅐 牛ひき肉150g、豆腐50g、卵1コ、みそ小さじ1、塩・こしょう少々
◎クリームチーズ40g、プロセスチーズ20g、牛乳大さじ3、塩・こしょう少々 マッシュルーム40g、エリンギ30g
🅑 キャベツ20g、ベーコン2枚、卵1コ、コンソメ小さじ1、水150g

🅐1 豆腐をキッチンペーパーで包み、レンジで2分ほど加熱してね。これで豆腐の水をきるよ！

🅑1 キャベツをひと口大に、ベーコンは細めに切っておくよ。卵はときほぐして準備しておいてね。

4 つけ合わせのマッシュルームを4等分、エリンギを縦に切ってハンバーグと一緒に焼くよ。

2 ひき肉、塩・こしょう、みそ、卵、水をきった豆腐を加えてこねる。つなぎのパン粉は使わないよ♪

🅑2 鍋に水とコンソメを加えて沸かし、切った材料を加える。卵を入れて軽く混ぜ、余熱で火を入れるよ。

5 チーズソースは材料を混ぜ、耐熱容器に入れてラップをし、レンジで30〜40秒加熱して混ぜるよ！

3 形を整えて、油をひいたフライパンで焼くよ。ひっくり返したらふたをして弱火で蒸し焼きに！

とろ〜んチーズの肉巻きにんにく焦がししょうゆ

濃厚なうまダレとお肉の相性が最強〜♥

材料
🅐 豚バラ肉6枚、プロセスチーズ6枚、大葉3枚、塩・こしょう少々
◎しょうゆ・酢各大さじ1、みりん小さじ1、おろしにんにく小さじ1/2
🅑 ほうれん草40g、えのき40g、バター小さじ1、塩・こしょう少々、卵1コ、とろけるチーズ20g
🅒 キャベツ60g
◎マスタード、酢、オリーブオイル各小さじ1

🅐1 豚バラ肉に、半分に切った大葉とプロセスチーズをのせ、クルクル巻いたら塩・こしょうをするよ。

🅒1 つけ合わせにそえたキャベツは、ひと口大に切ったらレンジで1分加熱して、水気をきってね★

🅑1 ほうれん草とえのきを3cm幅に切り耐熱容器に入れ、バターをのせてラップをし、レンジで1分加熱。

🅐2 フライパンに油をひき、クルクルと巻いたお肉の閉じ目から焼き始め、裏面も焼いていくよ！

🅒2 マスタード、酢、オリーブオイルを混ぜ合わせ、先ほどのキャベツとあえたらつけ合わせの完成！

🅑2 加熱後、塩・こしょうであえたら卵を割り入れ、チーズをのせたらトースターで10分焼くよ！

🅐3 調味料を混ぜ合わせてつくったタレを加えて、絡めて焼きあがったら🅐のチーズ肉巻きは完成だよ♪

MEAT EGG CHEESE

ダイエットに新時代到来！一歩進んだ糖質制限 お肉・卵・チー

糖質制限ダイエットが進化！
高脂質・高たんぱく質でおなかを満たして自然と糖質を避けられる魔法みたいな食事法があった！

POPモデル＆レギュモ＆メンモが愛する！ ボリュームサラダ

体型キープに命をかけるモデルたちが大好きなサラダメニューを公開♥ 撮影期間に上京するモデルたちも、野菜はしっかり摂取してた！ メンモだって、負けてないよ。

バンダリ

「サラダはふだんからよく食べてて、そのなかでもいちばん好きなのが、バルバッコアのサラダバー。種類が多いから、自分で栄養バランスを考えながら盛りつけてる」

たいころりん

「友だちが働いてるカフェのシーザーサラダが好きで、月に1回は必ず食べてるよ。¥690なのに、スモークチキンとかパンが入ってて、ボリューミーだしうまい★」

らいりー

「ニコライバーグマンカフェのサラダサンドがめっちゃ映えてオススメ！ ちょっと高いけど、可愛いから見てるだけでもテンションあがるよ。インスタで見つけた♪」

みんなのLOVEサラダ見せて!!
彩豊かなのが特徴！ サラダって、SNS映えもするし、健康にもいいって最高すぎ♥ みんなの食卓をのぞいてみよ〜！

あやみん

「野菜大好きすぎて、一日2回プラスおなかがすいたときにもお菓子代わりにサラダを食べてるよ。満腹感を出したいから、きゅうりはなるべく大きめにザク切りで！」

あいりる

「野菜は嫌いだけど、最近ニキビができたからがんばって食べてる…。このサラダはエステの教員をしてるママが考えたオリジナルで、ドレッシングも手作りだよ♪」

れいぽよ

「ごはんのときは、必ず最初に野菜を食べておなかをふくらませるようにしてるよ。外食に行ってもサラダだけは絶対頼む！ ドレッシングは絶対ごまだれ派だよ♥」

ゆびぴ

「POPモデルになってから、夜ごはんをなるべく野菜だけにしてダイエットしてるよ！ スライスしたにんじん＆だいこんの上に、トマトと卵を乗っけたサラダが好き♪」

あいみん

「サラダは週に3回くらい自分でつくって食べるよ。パプリカやクルトンを入れて見た目も可愛く♪ マヨネーズが苦手なんだけど、シーザーだけは食べられるの！」

しゅりりん

「美容とダイエットのためにサラダは毎日食べてるよ♥ ヘルシーなサラダばっかりだとあきちゃうから、週に1回だけお肉たっぷりのスタミナサラダにしてる！」

リコリコ

「サラダっていうよりもはやトマト盛り（笑）。トマトとのつき合いはかれこれ13年くらいで、どんなに体調が悪くてもトマトなら食べられちゃうくらい本当に大好き♥」

サラダに彩りをプチッとそえるならトマトの赤が最強!!

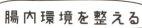
腸内環境を整える 栄養たっぷりの

食べて栄養とって健康BODYに!!

ボリュームサラダ!!

今回は、テレビ番組をきっかけに注目が集まっている"玉ねぎヨーグルト"とJKの大好きな"ボリュームサラダ"をクローズアップ！ 成長期の10代はしっかり食べて、栄養素を味方につけた健康的なダイエットをこころがけよう!!

撮影／堤博之

テレビ番組で話題になった！ 玉ねぎヨーグルト

味の予想がぜんぜんつかない…とまどってるみんなに、おいしく食べる方法をレクチャーしちゃうよ♪

れいぽよがつくってみた!!

玉ねぎヨーグルトが最強な理由は 食物繊維×乳酸菌だから!!

玉ねぎの食物繊維とヨーグルトの乳酸菌。腸内をキレイにする2つの成分が組み合わさるから体の中から美しくなれる!!

腸内環境を整えるだけでなく花粉症にも効果アリ！

玉ねぎヨーグルトのつくり方

材料 玉ねぎ1/2コ、プレーンヨーグルト450g

1. 玉ねぎを粗めのみじん切りにする。
2. 切った玉ねぎを20～30分空気にさらす。
3. ②をヨーグルトに混ぜる。3日で食べて♪

教えてくれたのは 管理栄養士 新生暁子先生
アスリートへの食事指導・サポートから専門学校の講師まで幅広く活躍し、メディアにも多数出演している。

涙が出ないように上を向いてみじん切りを始める。危ないから、ちゃんと手元を見て～!!

「絶対おいしくないもん」とブツブツいいながら黙々と玉ねぎの皮をむくれいぽよ。

30分おく時間を短縮するため、編集部が用意したものと差し替え。「切った意味ある!?」

最初はスプーンでていねいに作業していたのに、途中から豪快に玉ねぎをつかんで、ヨーグルトに混ぜていくスタイル卍。

はちみつや砂糖、黒こしょうをプラス♪
「すっぱいあとに辛いがくる！」食レポ下手なれいぽよ。はちみつを足せばいけたかも!!

そのまま食べるにはつらい!!

玉ねぎヨーグルトをおいしく食べる方法♥

一日150～200gを食べるのがベスト！好みのアレンジで毎日食べ続けよう!!

トースト

ツナやコーンを混ぜてもGOOD
パンに塗って、トースターで3分焼く。ヨーグルトの水分をパンが吸ってもっちり♥

カレーのおともに

コクとうまみがグンとUP！
福神漬けみたいにトッピングし、混ぜながら食べる。シャキシャキした食感がよき♪

フルーツサラダ

甘さが欲しいときははちみつをIN
ひと口大にカットしたりんごに玉ねぎヨーグルトをトッピング。朝ごはんやおやつに♥

ドレッシング

スパイスを加えて味のバリエを拡大
レモン汁・好みのオイル・塩・こしょうを加えるだけ。カレー粉やハーブなどを足しても◎。

ほかにもあった！

オススメヨーグルトトーストレシピ

玉ねぎ以外にも食物せんいを含む食材はたくさん！ここではフルーツを組み合わせたおしゃれトーストを紹介。

ドライマンゴー+レーズン

ビタミンや食物せんいが凝縮されているドライフルーツ。ヨーグルトに1晩つけると濃厚な味わいになるよ。

バナナ

食物せんいを含むバナナの甘みがサッパリしたヨーグルトとマッチ。好みではちみつとアーモンドをかけて。

明治ブルガリアヨーグルトでつくる 食物繊維×乳酸菌最強レシピ♥

食物繊維を含む食材とヨーグルトをかけ合わせた料理はほかにもたくさん！春休みにつくってみて♪

ヨーグルトコーンチャウダー

ヨーグルトだからこくはあるのにサッパリ♪

材料 玉ねぎ（7mm角）1/4コ、にんじん（7mm角）3cmぶん、じゃがいも（7mm角）小1コ、ベーコン（5mm幅）2枚分、オリーブオイル小さじ2、水1カップ、固形コンソメ1コ、コーン（クリームタイプ）1缶、グリーンピース大さじ2、ヨーグルト1カップ、塩・こしょう適量、クルトン適量

つくり方 玉ねぎ、にんじん、じゃがいも、ベーコンをオリーブオイルで炒めたら、水とコンソメを加えてやわらかくなるまで煮る。その後コーンとグリーンピースを加えたら沸く直前に火をとめてヨーグルトを入れる。塩・こしょうで味を調え、器によそう。クルトンを浮かべたら完成。

ヨーグルトキッシュ

パイのサクサク食感が食欲を増進させる♥

材料 ほうれん草1袋、玉ねぎ（薄切り）1/2コ、ベーコン（3cm幅）5枚ぶん、オリーブオイル適量、塩・こしょう適量、卵4コ、ヨーグルト1カップ、とけるチーズ60g、冷凍パイシート1枚

つくり方 硬めにゆでて3cmにカットしたほうれん草と玉ねぎ、ベーコンをオリーブオイルで炒めて塩・こしょうで味付け。卵、ヨーグルト、チーズと炒めた野菜を混ぜたら、パイシートを敷いたタルト型に流し込み、200℃のオーブンで10分焼いたあと、さらに180℃で20分焼く。

ヨーグルトオムレツ

野菜がたくさんで栄養もたっぷり！

材料 じゃがいも（薄切り）1コ、玉ねぎ（薄切り）1/4コ、アスパラガス（斜め薄切り）2本、刻んだドライトマト3かけ、オリーブオイル大さじ4、塩・こしょう少々、卵3コ、ヨーグルト1/2カップ、★（ヨーグルト大さじ2、ケチャップ大さじ1）

つくり方 じゃがいも、玉ねぎ、アスパラガス、ドライトマトをオリーブオイル大さじ1で軽く炒めたら、フタをしてじゃがいもがやわらかくなるまで蒸し、塩・こしょうで味付け。ボウルで卵、ヨーグルトと蒸し焼きにした野菜を混ぜたら、オリーブオイル大さじ3で焼き、オムレツに。混ぜた★をそえて完成。

玉ねぎとヨーグルトが出合ったら最強の体内美容メニューが完成！

ムチャなダイエットは成長をさまたげるし、代謝が下がって逆効果!!

10代の食べヤセには 玉ねぎヨーグルト&

冬には冬の♥ヤセる！ Popteen Part6 冬の食事

しっかり調整して脂肪にしない!! ヤセ子のクリパ48時間

12/24 8:00 — 朝ごはんはご飯半分

あらかじめ一日の糖質摂取量をセーブ。寝てる間に使った糖質を補給するためにも、少しはご飯を食べて！

抜くのはNG！

12/24 10:00 — きょうは間食もNG！

もともと食べないべきだけど、夜にたくさん食べる予定があるなら絶対ダメ。ムダなカロリーはカットすべし。

12/24 13:00 — お昼ごはんもご飯半分

お昼もご飯を半分に。まったく食べないと血糖値の増減が激しくなり、太りやすくなるから少しは食べて♪

12/24 16:30 — クリパのまえにこんにゃくゼリー

こんにゃくに含まれる食物繊維が、吸収をおだやかにさせる働きあり！脂肪になりにくくする効果が♥

12/24 17:00 — 友だちとクリパ♥♥

おしゃべりしながらゆっくり食べる
人間の脳が"おなかいっぱい"と感じるのは食べ始めてから30分後。ゆっくり食べると食べすぎを防げる。

お肉大好き♥
パーティーメニューのなかでも、たんぱく質の多い肉や魚類は積極的に食べちゃってOK★

12/24 21:30 — お風呂のまえにストレッチ

リラックス効果を高めるためだから、ムリせず心地よく感じる程度に体を伸ばそう。

12/24 22:00 — 全身浴でリラックス

入浴は食後1時間以上たってから。熱すぎない温度（約40度）の湯船にゆっくり全身つかってね！

12/24 24:00 — マッサージをして就寝

むくみを感じたら、足首からふくらはぎに向けてやさしくなで上げてリンパマッサージ♪

12/25 7:00 — 朝ごはんはおにぎり1コ

7時間睡眠で朝に起床。おなかがすいていなくても、おにぎり1コか食パン1枚は食べてエネルギーを摂取!!

12/25 10:00 — 気分転換にストレッチ

両手を上げてから、ひじを斜め後ろに引いて肩甲骨を寄せる動きを8秒キープ×3セット。

12/25 12:00 — 昼ごはんは食べ順に気をつける

よくかんで食べよう モグモグ
汁もの→野菜→肉や魚→ご飯の順で食べると糖の吸収がおだやかに。満腹になるからご飯の量も自然に減る♪

12/25 15:00 — おやつが食べたくなったらスクワット

運動するとアドレナリンが出て食欲がおさまる。ムショーに何か食べたくなったらその場でスクワットしよう!!

12/25 17:00 — 有酸素運動で脂肪燃焼
前日食べたぶんが脂肪になるのは仕方ないから、そのぶんついている脂肪を燃やす。20分以上続けて行なって。

12/25 18:00 — ごはんのまえにストレッチ

女性は下半身が太りやすいから、足を反対のひざにかけて上体を倒すお尻のストレッチがオススメ。

12/25 18:30 — 夜ごはんは炭水化物控えめ

いも類を食べるならご飯なしでもOK
おかずに、いもやかぼちゃなど糖質の高い野菜があるなら、ご飯は食べなくてもいいけど糖質抜きはダメ!!

12/25 20:30 — テレビを見ながらストレッチ
こまめに体を動かすため、ヒマがあればストレッチ。うつぶせから上体を起こして腰まわりを伸ばす。

12/25 24:00 — パジャマで就寝

良質な睡眠を取るためには、暑すぎないカッコで寝るのが重要。睡眠に適したパジャマで眠ろう★

12/26 8:00

よっしゃ！
体重変化なし!!

カロリー一覧!!

数値を見て正月デブ防止!

「冬休みはヒマだし、とりあえずなんか食べたい…。でも太る…」そんな悩みをかかえる、そこのあなた！ みんながよく食べるもののカロリー一覧表を用意したから、数値を計算しながらほどほどに食べちゃって〜！

撮影／尾藤能暢

ついつい食べちゃう！ お菓子♥

デブのもとって承知してるけど、やめらんない！ ここで高カロリーって現実を胸にしっかり刻んで！

ドライフルーツ
ヘルシーな印象だけど、生のフルーツの約8倍も高カロだという現実！ じつは砂糖が多く使われてる！(100g)

マンゴー	368kcal
パイン	365kcal
ベリーMIX	322kcal

チョコ **101kcal**

アーモンドチョコは1粒24kcal! ビターチョコは、やや高カロだけど新陳代謝を高める効果も!(4かけら)

クッキー **22kcal**

糖分と脂質を多く含有。カロリーを抑えるなら、おからを使って手作りしたりして工夫を。(チョコチップ1枚)

せんべい **56kcal**

たんぱく質、炭水化物など多くの栄養素が含まれているよ。脂質が低いのはしょうゆせんべい!(塩1枚)

ポテチ

な、なんと1袋に大さじ約1.5杯分の油が入ってる！ しかも約2時間も歩かないと消費できない計算…。(1袋)

うす塩	337kcal	梅	321kcal
のり塩	335kcal	バター	322kcal
コンソメ	335kcal		

柿ピー **209kcal**

少量パックでも高カロリー。ピーナツとのダブルコンボで腹モチは◎。脂質の多いピーナツは食べすぎ注意!(1袋)

カリカリ梅 **15kcal**

クエン酸たっぷりで疲労回復にも効果てきめん。パクパク食べてもダメージを受けない優秀おやつ。(30g)

グミ **344kcal**

原材料はぶどう糖、シロップ、砂糖など糖類のオンパレード!! ほぼ砂糖を食べているのと変わらない。(100g)

何コでも食べられちゃう！ おもち♥

いろんな食べ方で味わってたら、気づけば増量…。ちなみに切りもちは1コ127kcalだよ！

おしるこ **223kcal**

あずきの力で、代謝が上がって脂肪がつきにくい体に♪ 比較的、低カロだけど食べすぎはNG!(1杯)

お雑煮 **290kcal**

関西風と関東風で比べると、関西風のほうが、320kcalと若干カロリー高め。でも野菜たっぷりで栄養満点だよ！(関東風1杯)

納豆もち **175kcal**

腹モチがいいし、納豆がGI値を下げてくれるからオススメの食べ方♥ 美容にも◎で一石三鳥だよ★(1コ)

磯辺焼き **134kcal**

のりを巻くと、血糖値が上昇するスピードを表わすGI値がダウン。砂糖をつけすぎないよう注意！(1コ)

きなこもち **142kcal**

2コ食べるとご飯1杯分よりカロリーオーバー！ おいしいけど、高カロってことを忘れずに。(1コ)

年末は家族そろって！ ゴーカ料理♥

1年でいちばんごちそうが食べられる時期がやってきた！ カロリー計算しつつ、ゼータク気分を味わっちゃおう♥

焼き肉

カルビ	460kcal
タン塩	260kcal
ロース	390kcal
ハラミ	340kcal

ヒレやももは比較的カロリーや脂質が低め。だけどたくさん食べるなら、ビタミンB群が豊富なホルモン系が◎。(100g)

すし

マグロ	55kcal	トロ	70kcal
エビ	50kcal	サーモン	55kcal
玉子	63kcal	イカ	45kcal
		ネギトロ	56kcal
ツナコーン	75kcal	イクラ	80kcal

日本が世界にほこるヘルシー料理・すしだけど、ネタによってカロリーが違うから注意！ 低カロなのは貝や白身魚だよ！(1貫)

ピザ

マルゲリータ	1176kcal
シーフード	1280kcal
照り焼きチキン	1352kcal

選ぶならトマトソースベースのピザ。マルゲリータがオススメだけど、意外とシーフード系も低め。(Mサイズ1枚)

すき焼き **796kcal**

濃い味つけほどカロリー上昇！ 野菜も一緒にとって、バランスよく食べてね。オススメは春菊！(1人前)

ステーキ **437kcal**

もも肉やヒレステーキならカロリーダウンも可能。ちなみに輸入ものより国産のほうが高カロ！(200g)

ローストビーフ **196kcal**

油を使っていないうえ、調理の段階で脂が落ちるからカロリーは抑えめ。ただソースには要注意！(100g)

しゃぶしゃぶ **620kcal**

低カロなイメージだけど、意外にも高め！ 豚肉を使えば、カロリーが低下するよ。タレはポン酢が◎。(1人前)

ケーキ

ショートケーキ	366kcal
フルーツタルト	272kcal
チーズケーキ	315kcal

チョコ系、バター&クリーム系は控えめに。チーズケーキや生クリームなしのタルトが低カロだよ♥(1/8ホール)

年越しといえば

そば

そばに含まれた水溶性食物繊維が、脂肪やコレステロールを排出。味つけに糖類が使われてるから気をつけて!!(1人前)

そば	304kcal
エビ天	116kcal
油揚げ	137kcal
わかめ	3kcal
天カス	89kcal

シュークリーム **155kcal**

カロリーはご飯1杯分に相当！ 糖質と脂肪分が大量だから、ジャンボサイズはヤバイ！(1コ)

ちなみに

ラーメン

しょうゆラーメン	480kcal
みそラーメン	550kcal
しおラーメン	470kcal

麺自体のカロリーは336kcal。トッピングとスープで数値が上がる!! スープは飲まずに残すのがベター★(1人前)

うどん

うどん	242kcal
卵	148kcal
とろろ	149kcal

うどん自体が炭水化物だから、+おもち、や+おにぎり。などで、炭水化物のとりすぎにならないように注意!!(1人前)

Part6 冬の食事

冬に食べたくなるもの

雪が降り積もるとともに脂肪も厚くなる…なんてイヤー！！！！！

すぐレジ横のもの買っちゃう！
コンビニフード♥

高カロの宝庫だろうと頭でわかっていても、「新発売」の文字に弱いんです…。濃い味つけもたまらない！

肉まん	279kcal	ピザまん	212kcal
あんまん	312kcal	カレーまん	217kcal

中華まん
意外なことに、ピザまんとカレーまんのカロリー低めっていう結果が判明。塩分が低めなのは、あんまんだったよ！（1コ）

アメリカンドッグ 242kcal
小麦メインの生地であげてるから糖質＋脂質のWコンボをくらうはめに!!（1本）

フランクフルト 253kcal
少し糖質は高いものの、炭水化物に比べたらまだマシ。ただ老化を早めやすいメニューなので注意。（1本）

チキン 250kcal
商品によって衣の厚さがいろいろ。衣の薄い、低糖質高たんぱくのチキンもあるから探してみてね♥（1コ）

ココア 121kcal
高たんぱく＆食物せんいやミネラルなどが含まれていて、ダイエットに最適。砂糖には気をつけて！（1杯）

フライドポテト 321kcal
ビタミンCとカリウムが摂取できるものの、油たっぷりなので食べすぎは危険。野菜と一緒に食べてね。（1袋）

ドーナツ 404kcal
高カロNo.1はチョコ系。ずっしりした重量感のあるものほどカロリーが高いって覚えておいて！（1コ）

おでん
低カロ。繊維とたんぱく質をたくさんとれる、こんぶ、だいこん、卵、はんぺん、つみれは積極的に食べたい。（1コ）

だいこん	18kcal
卵	76kcal
白たき	6kcal
もち巾着	47kcal
牛スジ	47kcal
はんぺん	47kcal

冬に食べたくなるのは！
あったかフード♥

身も心もホッカホカになれちゃう、あのメニューのカロリーも探れ！HOTな体で脂肪を燃焼!!

スパゲッティ
ハイカロリーな炭水化物代表・スパゲッティ。とくに危険なのは、カルボナーラ。麺類のなかでもNo.1の勢い!!（1人前）

ミートソース	713kcal
カルボナーラ	740kcal
和風	583kcal

エビフライ 269kcal
エビに含まれた動物性食物繊維が、コレステロールを低下させるよ♪衣のつけすぎには注意してね。（1本）

豚のしょうが焼き 62kcal
疲労回復に効能のあるビタミンBが豊富。さらにしょうがが体を温めて、代謝を活発にさせる！（1人前）

シチュー 340kcal
そこまでカロリーは高くないけど、ルーを使わずに手作りしたほうが体にいい。豆乳を使うのが◎。（1人前）

肉じゃが 508kcal
肉や野菜がバランスよく入っていて、栄養バランス◎。しらたき、えのきなどを加えるともっといい♥（1人前）

グラタン 528kcal
カロリーを高めているのは、ホワイトソースとマカロニ！手作りするなら低脂肪乳を使ってね♥（1人前）

カレー 603kcal
カロリーは高めだけど、カレーに含まれたたくさんのスパイスがヤセやすい体をつくってくれるよ♪（1人前）

エビチリ 71kcal
エビに含まれる抗酸化作用効果で栄養満点。低カロぎみだけど、油の量を減らしてつくるともっといい♥（1人前）

からあげ 226kcal
数コ食べただけで、1食の摂取カロリー半分に相当（涙）。ダイエット中はガマンが必要かも…。（1コ）

コロッケ 185kcal
体脂肪になりやすいので、基本的にダイエットには向いてない食べ物！食べるとしたらクリームコロッケが◎。（1コ）

ハンバーグ 439kcal
ひき肉に脂肪が6割も含まれるけど、たんぱく質も取り入れられる。低カロにするなら赤身を使用して。（1人前）

あんま好きじゃないけど！
おせち♥

料理が日持ちするように、砂糖やお酢が多く使われてるって知ってた？伝統は大切に♥

数の子 9kcal
タラコやイクラなどの、ほかの魚卵に比べてカロリー低め。コレステロール値はイクラのなんと半分！（1本）

かまぼこ 12kcal
カロリーは低いけど、塩分が多く含まれているから食べすぎはNO！つまむ程度にしておいて。（1切れ）

栗きんとん 170kcal
栗とさつまいもを使ってるだけあって、カロリー高め。2粒分でおもち1コ分相当。（栗2粒分）

黒豆 57kcal
脂肪の吸収を抑える効果がある食材だけど、塩分を多く含む味つけなので注意！（1人前）

年末年始に臨時で増えるのはお年玉だけで十分です♥

Part 7 毎日の習慣

ヤセるための行動が日常になっちゃえば、つらくないはず♥
目標があればがんばれるはずだし、努力は裏切らない！

毎秒可愛くいたい♥

撮影／堤博之　スタイリスト／tommy
ヘアメイク／YUZUKO　●掲載商品の問い合わせ先はP.128にあります。

曜日別運動プログラム

筋トレ、有酸素運動、ストレッチの3つを順に行なって効率よくダイエット！ どの動きをするかはその日の気分で1コ以上選んでね★

火・木・日は有酸素運動！

今回は1か月で体重を落とすことを目的にしてるから、脂肪を燃やす有酸素運動が多めのスケジュールだよ♪

★水分補給はしっかり行なって！
★体調のいい日は長時間トライ!!
運動まえに水を100ml飲んで！ やったぶん効果が出るから、できる限りやろう。

ジャンプ　90秒×4セット
ひざを伸ばしたまま、小刻みにジャンプを続ける。腕は、ジャンプするタイミングでふり上げて。マットを敷くか靴をはいてやろう！

ウオーキング　30分
しっかり腕をふり、胸をはって歩くと効果的。ランニングよりも負荷が低いので、少し長めに行なおう。速歩きを意識するとGOOD★

ランニング　20分
慣れるまでは5分×4セットなど、続けて20分以上行なわなくてもOK。頭から腰が一直線になるのが正しいフォームだよ。

月・金は筋トレ！

★金曜は月曜と違う部位を鍛える
★朝と夜に各1セットでもOK
2セット以上あるものは時間をあけても◎。バランスよく全身に筋肉をつけていこう!!

筋肉がつくと体が引きしまるよ♪ 筋トレ中は呼吸をとめないように注意してね。筋肉をいためるからやりすぎはNG。

お尻に効く　アブダクション
うつぶせ状態から腰をひねり、上側の脚を斜め後ろに引き上げる。左右各15〜20回×2セット。

バストアップに効く　プッシュアップ
①床にひざをつく。次に、床に胸を近づけたときアンダーバストの真横になる位置に両手をつこう。
腰を曲げて行なうと効果なし。手の位置が高すぎると肩に効くのでNG。
イスやテーブルに両手を置いて行なうと負荷が軽くなってやりやすい!!
②頭から腰を一直線にしたまま、限界まで体を深く下ろしたら、①に戻る。10回×2セット。

水・土はストレッチ！

★夜にやると一日の疲れが取れる
★リラックスしながらやろう
夜にやるのがオススメだけど、好きなときに好きなだけやってOK。血行促進効果も大。

たまには体を休めることも大事。時間があるときは全部のストレッチを行なうと効果もあがる♥

下半身に効く　ストレッチ
①スクワットと同じ動きで腰を下ろしたら、ひじでひざの内側を押しつつ、足首を持つ。内ももが伸びるよ。
②①の体勢のまま、左右に腰を動かして10往復。ネコ背にならないように気をつけて。下半身全体が伸びる♪

お尻に効く　ストレッチ
①イスに浅く座り、片ひざに反対側の足首をのせる。太ももと床が平行になるようにセット！
②ひざが浮かないようにひじで押さえながら、上体を前に倒す。左右各10秒×2セットやろう！

ワキ腹と裏ももに効く　ストレッチ
ひざ立ちをし、片脚を真横に出す。出した足に反対の手をつけるように上体を真横に倒す。左右各20秒。

胸に効く　ストレッチ
バスタオルを張って両端を持ち、ひじを伸ばしたまま、頭上の後方に手を引き上げて胸を伸ばす。15秒キープ×2セット。

ウエストに効く　ワイパー
①あお向けに寝たら、足の裏がてんじょうを向くように脚を持ち上げる。両脚はそろえたまま行なってね！
②上体を固定し、脚をそろえたまま左右に振る。①の体勢に戻るときは脚を体に近づけて。10往復×2セット。

太ももに効く　スクワット
①肩幅よりも広く脚を開いたら、腕と床が並行になるように手を前に伸ばす。背スジはまっすぐ伸ばしてね♪
②ひざではなく、股関節を曲げるイメージで、太ももと床が平行になるまで腰を落とす。10〜15回×2セット。

教えてくれたのは 安藤宏行先生
1200名以上を手がけてきたパーソナルトレーナー。情報盛りだくさんのブログもCHECK♥
HP*https://andohiroyuki.com

体型が変わる！ 1か月でヤセる！ 曜日別運動プログラム

毎日変化をつけながら、あきずに続けられる♥

春までにヤセたいみんなのために、毎日変化をつけながら、あきずに続けられる1か月のダイエットプログラムをつくったよ！ 新たな気持ちとスッキリBODYで2019年を迎えるために冬休みはヤセ活を強化してみよう★

撮影／堤博之

ダンスで運動習慣

冬には冬の♥ヤセる！Popteen Part7 毎日の習慣

ダイエッター・なちょすがEXPG STUDIOで武者修行!!

ダンス経験ゼロ、リズム感なし、運動おんちなちょすのワクワク体質改善計画♥

きょうのなちょすコーデはこんなかんじ！
レギンスのサイドデザインがツボ♥

初心者なちょすのそぼくな疑問

Q レッスンってどんなカッコで受けたらいいの？
A 動きやすければなんでもOK
とくにしばりはナシ！なちょすのようにおしゃれ要素も取り入れるとモチベもあがりそう♥

Q ダンスレッスン前後って何食べるの？
A 運動後はカロリーセーブ
レッスンの2時間まえまでにパワーになるものを食べるのが◎。レッスン後はアミノ酸を積極的に!!

Q リズム感がありません
A 練習しだいで克服できる!!
曲に合わせて一定のリズムをキープする練習をしよう。まずは手拍子から、慣れたら体も動かそう。

Q 体がかたくてもダンスできますか？
A やわらかいほうがベター！
ダンスはできるけど、動きが小さくなってしまう。お風呂あがりのストレッチで柔軟性を高めて！

Q レッスンについていけるのか不安です
A 最初はみんなできないもの
まずは思いきり動いてみよう。レッスン後は自主練も重要！踊れるようになるとどんどん楽しく♥

ダンスクオリティーもあがる!! セルフトレーニング術も教えてもらった♥

ダンスに必要な、柔軟性と体幹の筋肉をを強化するトレーニング法を教えてもらったよ！

おまけ♥ TRIBEメンバーもやってる!! PCPトレーニング

"サイドランジ"と"スモウ"をレクチャー。憧れのメンバーもやってると思えばがんばれる♥

① **スモウ**
肩幅よりも足を広めに開いてしゃがんだら、脚の内側から両手でつま先を持つ。両ひじはひざにくっつけて。

② 息を吐きながら、背中をまっすぐにした状態でひざを伸ばす。両手はつま先を持ったままだよ！

横から見ると

① **サイドランジ**
肩幅よりも広く足を開いて立ったら、両手を床と水平になるよう前に伸ばしていき、手を重ねてスタンバイ★

② お尻をつき出して腰を下ろし、片ひざを曲げる。ひざがつま先より出ないよう注意して。左右各5回。

横から見ると

体幹を鍛えるトレーニング

体幹トレーニングとして有名な"プランク"と、それを応用した"サイドプランク"の方法を紹介★

プランク \OK/

うつぶせから、ひじを肩の真下において上半身を起こす。腹筋に力を入れて腰を上げ、体を一直線に。

\NG/

背中が丸まってお尻が上がりすぎたり、骨盤が下がっているのはNG。最初は30秒キープを目標にして。

サイドプランク
① 横向きに寝たら、下側のひじを肩の真下に置き、腰を床から浮かす。頭から脚を一直線にしてキープ！

② 片側10秒を目安にして、左右同様に行なって。慣れてきたら、上側の手脚を浮かせると負荷がUP★

柔軟性を高めるストレッチ

一連の動きで全身の筋肉を伸ばすことが可能な"フロントランジ"というトレーニング。

① 右足を前に踏み出し、左手は右足と平行にして床につく。右ひじは右くるぶしに当て、背スジを伸ばす。

前から見ると

② ①の体勢から胸を開いて上体をねじり、右手を天井に向ける。目線は指先に向けて♪

③ そのまま重心を後ろに移動。両手を床につけ、右足のつま先を上げてもも裏を伸ばす。

④ 床から両手を離し、股関節のつけ根を伸ばしたら足をそろえて立つ。左右同様に各5回。

冬には冬の♥ヤセる！ Popteen Part7 毎日の習慣

Day 19 夜ごはんはボリュームサラダ！
お肉や豆腐の入ったサラダはボリューム満点。栄養素もごはんも食べてたえも両方をいただけるので、一石二鳥でしょ!!

Day 18 おやつはスルメをかみまくり！
スルメは少量でも味が続くし、ずっとかんでいられるスグレもの。なにげにたんぱく質が豊富なのもウリ！

Day 17 友だちと4時間カラオケ熱唱！
カラオケをぶっとおしで4時間歌い続けると240kcal以上のカロリー消費に。ノリで踊れば、消費量がさらに上がる！

Day 16 移動は全部階段でがんばる！
階段を上るカロリーはジョギングとほぼ一緒。一日でトータル30分使えば240kcalOFF。

Day 15 おやつにフルーツを食べる！
おやつを食べるなら、ビタミンCがたっぷりの低カロフルーツにしたほうが美容にもGOOD♥

Day 14 チャリ通をきょうだけ徒歩に！
チャリで20分のところを徒歩で1時間にするとあら不思議！カロリー消費量が増えて、体力もついちゃう〜♥

Day 25 ご飯の代わりにもやし食べ放題！
もやしは低カロリーなのに意外と栄養たっぷり♪疲労回復効果もあるから、いくら食べてもOK♪ VOLUME MAX!

Day 24 朝ごはんをバナナにする！
バナナには食物繊維とブドウ糖が含まれているから、朝食べると即エネルギーに変化。むくみ予防の効果も大。

Day 23 ふだん親がやってる家事を交代！
掃除・洗濯・料理・洗い物…全部交代。家事は意外とカロリーを消費するし、親にもホメられてラッキー。
カステロ・ミーア チャン

Day 22 夜ごはんのまえにキャベツを食べる！
食物繊維が豊富なキャベツをごはんのまえに食べると満腹感がUP。自然とご飯の量が減るっていう作戦★

Day 21 小腹がすいたらきゅうり！
きゅうりは1本約15kcal。小腹がすいたときに食べても罪悪感ナシ。ただし、マヨネーズやみそのつけすぎはNG！

Day 20 TWICEのダンス完コピ練習！
流行りにのってTWICEを完コピすべく、1時間以上練習しまくれば人気者になれてダイエットにもなる♥

これで1kg減 1か月おつかれさま！

Day 30 友だちとスポッチャへGO！
いろんなスポーツを楽しめるスポッチャはヤセ活にもってこい。90分全力で遊ぶうちにノルマ達成★

Day 29 夜ごはんは鍋！しめはガマン！
だんだん涼しくなってきて、お鍋がおいしい季節♥体があったまるし、低カロなのも◎。ただしシメは厳禁！

Day 28 体育は3倍動きまくる！
体育の時間にダラダラ、ボーッとしているのはもったいない！いつもの3倍動けば、カロリー消費量も3倍に★

Day 27 セレブ気取ってグリーンスムージー！
1食置き換えるだけで即カロリーOFFが実現。栄養もあるし、おしゃれだし、美意識も高まりまくり♥

Day 26 早く帰宅して30分ジョギング！
たまにはがんばってジョギングしてみるのはどう？好きな曲を聴きながら30分GO★

1か月で1kgヤセる♥冬の

毎日1コずつがんばるだけでいいから、ずぼらさんでもできるはず！

一日1コだって、1か月続ければ30コ！〝可愛い〟は、小さな努力の積み重ねでできているのだ♥ きょうから始めよっ！

30日間スクワットチャレンジで下半身ヤセ!!

たったの1か月間でみるみる下半身が引きしまっていくと評判の、アメリカで人気の最強トレーニング! 撮影/山下拓史(f-me)

30日後には…
下半身ヤセ
ダイエットの効果も!!
生理痛の緩和・便秘・
冷え・むくみ予防など

30日間スクワットチャレンジでの注意
- 最初の3日は痛みにたえる!!
- おなかに力を入れる!!
- お休みの日はしっかり休む!!

最初は筋肉痛がツライけど継続して!! お休みの日は筋肉を休めよう。おなかに力を入れないと腰を痛めるから注意!

まずは
理想のBODYサイズを計算しよう
- ウエスト=身長×0.38
- ヒップ=身長×0.53
- 太もも=身長×0.29
- ふくらはぎ=身長×0.2
- 足首=身長×0.12

ダイエットを成功させるには、目標のサイズが明確なほうが、やる気も出て効果的★

コレがウワサのどすこいポーズ★
基本の すもうスクワット

太ももの前面と側面を鍛えるスクワット。アメリカではおすもうさんのようなスタイルのスクワットが大人気!!

「下がるときに息を吸い、上がるときに息を吐く!」

① まずは脚を肩幅よりも広く開き、つま先を45度ほど外側に向けて立つ。両手を胸の前で合わせたらスタンバイ完了!!

② ①の体勢からひざが90度になるまで曲げて静止してから、もとの姿勢に戻る。背スジはまっすぐ伸ばしておくこと!

NG ✗ OK ○

きょうからレッツチャレンジ♪
30日間のスケジュールはコレ!!

DAY1	50回
DAY2	55回
DAY3	60回
DAY4	お休み
DAY5	80回
DAY6	85回
DAY7	90回
DAY8	お休み
DAY9	110回
DAY10	115回
DAY11	120回
DAY12	お休み
DAY13	140回
DAY14	145回
DAY15	150回
DAY16	お休み
DAY17	170回
DAY18	175回
DAY19	180回
DAY20	お休み
DAY21	190回
DAY22	195回
DAY23	200回
DAY24	お休み
DAY25	220回
DAY26	225回
DAY27	230回
DAY28	お休み
DAY29	240回
DAY30	250回

慣れてきたらこんなスクワットにもトライ!!

片足つま先立ちスクワット
① 脚を広めに開き、つま先は45度ほど外側に向けたら、片足のかかとを上げる。
② ①の体勢のまま腰をまっすぐ下ろしていくよ。前傾しないように気をつけて!
③ ひざの角度が90度になるまで腰を下ろしたら、いったん静止し、もとに戻る。
④ ひざを伸ばすと同時にかかとを下ろしてもとの姿勢に戻る。左右交互にやる!

負荷をかけてスクワット
両手にダンベル、もしくは水を入れた500mlのペットボトルを持ってスクワット。二の腕も引きしまるよ♡

イスを使ってスクワット
片脚をイスに引っかけながらのスクワット。お尻の下の筋肉がより刺激されるので、ヒップアップ効果が絶大!

スロースクワット
3秒かけてゆっくりとひざを90度まで曲げて1秒静止。3秒かけて立ち上がり、ひざが伸びる手前でまた曲げる…をくり返す。肩幅に脚を開いて、両手を肩の高さまで上げたらスタンバイ完了。通常よりもゆっくり動作を行なうスクワットだよ★

プリズナースクワット
両脚の幅を広めに開いて立ち、両手は耳の後ろに置く。両手を耳の後ろに置くことで全身に負荷がかかるよ!

後ろ蹴りスクワット
①基本のスクワットと同じように、ひざが90度になるまで曲げたら静止。背スジはまっすぐ、お尻を真下に下ろす感覚。
②①の姿勢のまま、ひざをしっかり開くようにして腰を落としていく。このとき、背スジはまっすぐをキープ★
↑立ち上がると同時に足を後ろに振り上げる!このとき、ひざが曲がらないように注意!!左右交互にやってね。

スプリットスクワット
① 脚を前後に大きく開く。このとき、両手はそのまま下ろしておくか、腰に置こう!背スジはピンとまっすぐ。
② ①の体勢のまま前の太ももが床と平行になるまで腰を落とす。1秒静止したら、もとに戻る。左右同じ回数やってね。

タオルトレーニングで美背中!!

自分では気づきにくいけど、背中は他人からよく見える部位だから鍛える必要あり。

その1 両脚を開き、タオルを外側に引っぱるようにこぶしが腰までくるようにひじを後ろに引き上げて、前後運動をする。

その2 両脚を開き、胸をはる。タオルの両端をにぎり、外側に引っぱりながら上下させる。頭の後ろを通って下ろせる限界まで!

その3 床にうつぶせになったら、タオルを外側に引っぱりつつ胸に引きつけながら上体を起こして戻す…をくり返すだけ!

全方位腹筋でくびれ

キュッとしまったウエストが欲しいなら、おなかまわりの筋肉をバランスよく全部鍛えなきゃ!!

おなかの両サイドを鍛えるトレーニング!
やっぱ女のコはくびれがマストって思うなら、おなかの両サイドを徹底的に鍛えよう♪
① あお向けになり脚を胸方向に引きつける。両手は頭の下にしいておく。
② 右ひじと左ひざを近づけ、おなかを左にひねる。左右交互にやってね!

おなかの下部を鍛えるトレーニング!
ぽっこり下腹が気になるコは、おなかの下部をまっ先に鍛えて!腰まわりもスッキリ★
① あお向けになり、脚を天井の方向に上げる。お尻は床につけたまま。
② 腹筋を丸めるようにお尻を床から浮かせ、もとに戻す。

おなかの上部を鍛えるトレーニング!!
憧れの6パックを手に入れたいなら、おなかの上部を中心に鍛えるのがGOOD。へそ上に意識を集中★ （イスを使ってもOK!）
① あお向けになり、ふくらはぎが床と平行になるようにひざを曲げる。
② 腹筋を使い、おなかを軽く曲げて、頭と肩を床から少しだけ上げる!
③ 息を吐きながらおへそを見るように上体を丸め、3秒キープして戻る。

おなかのインナーマッスルを鍛えるトレーニング!
体の奥深くにあるインナーマッスルを鍛えると代謝が上がる! 体幹がしっかりすると効果もアップ♡
① まずは四つんばいになる。背中がそらないように意識しておくこと!
② 片足を肩の高さまで上げ、床と脚を平行にしたら、そのままキープ。
③ 上げた脚と反対側の手を上げて水平に3秒キープ。反対側も同様に!

一日2種の筋トレで体を引きしめる！

結果を出すためには一日ごとのメニューを必ずこなすこと。そして、余分なおやつを食べたりしないことも超重要なルール！

1日目

① お尻を鍛える ワンレッグデットリフト

片脚で立って両手は前に。上体を倒しやすいようにひざを少しゆるめ、後ろの脚をふり上げる。

後ろの脚をふり上げた勢いを使い、床にタッチして体を起こす。この動きをリズミカルに片脚15回ずつやろう★

できないコはイスを使おう！

② おなかの中央を鍛えるプランク

ひじから先とつま先だけで体を支える。肩の真下にひじがくるように。この姿勢で45秒間キープ！

NG

お尻が上がったり下がったりしないように、肩からかかとまでは一直線を意識する。頭も下げない!!

2日目

① 二の腕を鍛える アームエクステンション

プランクのポーズをとる→右ひじを伸ばす→左ひじを伸ばす→右ひじをつく→プランクに戻るを6回。左スタートでも6回。

② ワキ腹を鍛える サイドプランク

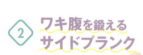

❶

横向きに寝て、脚をそろえて伸ばし、ひじはつく。ひじと腕は垂直。上側の手はワキ腹の少し上に♪

❷

この状態から腰を上げ下げ12回。反対側も同様に。ワキ腹の力で腰を上げ下げするのがポイント！

3日目

① 背中を鍛える ラットプルダウン

前から見ると

肩甲骨をキュッとしめながらゆっくり腕を引いてタオルを胸に寄せる×12回。

肩幅の1.5倍に脚を開きひざを曲げる。脚の開きと同じ幅でタオルを持ち、目線の高さまでゆっくり上げる。

② 腰を鍛える ツタンカーメンブリッジ

❶

腰を中心に体の背面に効かせる筋トレ★ あお向けに寝て腕を胸の前でクロスさせ、つま先は立てる。

❷

かかとと両肩を支点にしてお尻と腰を浮かせて45秒間キープ。頭や首には必要以上に力を入れない！

Popteen Part8 部位別プログラム

冬には冬の♥ヤセる！

目標を達成するために本気出してがんばります！

5日間の集中トレーニングで即ヤセ！

同じ部位は2日あけて鍛えるべきだから順番を守ってやろう!!
メニューどおりの筋トレを行なって、最短で引きしまったボディーに。

教えてくれたのは
比嘉一雄先生

CALADA LAB.代表取締役、パーソナルトレーナー。著書も多数。Instagram（@calada_lab）もCHECK！

効率的な筋トレで全身を引きしめ!!多少きつくてもたった5日ならやれるよね。運動習慣のないコほど効果的だからがんばろう★
撮影／伊藤翔

4日目

① 前ももを鍛えるレッグランジ

① 脚を前後に大きく開いて立つ。後ろに引いた脚はかかとを上げ、腕はぶらんと自然に下げる。

② 後ろに引いた脚のひざが床につくギリギリまで腰を落とす…をリズミカルに30回。反対も同様。

② おなかの中央を鍛える卍クランチ

① あお向けに寝て脚を上げ、ひざを曲げてつま先を立てる。太もも、ひざ、足首は90度。手はひざ横にそえる。

② くるぶしに手を伸ばしながら上体を起こす×12回。くるぶしまで届かなくても、ひざの90度をキープして！

5日目

① ワキ腹を鍛えるサイドクランチ

① 左ひじをついてサイドプランクのセットポジション。下側の脚を前に出して浮かせ右手は頭にそえる。

② 床につけたつま先とひじで体を支えながら、浮かせたひざと右ひじをつける×12回。反対も同様に。

② 内ももを鍛えるサイドランジ

① つま先を前に向けてイスに片足を乗せる。足の側面を乗せるイメージ。イス側の手は腰、反対側の手は頭にそえる。

② 少しひざを曲げながら体を真横に倒す×12回。反対側も同様に。上体が前に倒れないように注意して！

ウエストのくびれも短期集中でつくれる！

SOKUYASE ♥

せっかくヤセても戻ったら意味ない!!
リバウンドしないためにやること♥

リバウンド防止には筋肉量をキープすることも大切。筋力を落とさないテクはこの2つ！

プロテインも継続的にとる

たんぱく質を積極的にとることも筋肉量の維持につながる♥ ゼリーでも◎。

運動習慣をつける

5日間トレーニングから気になる部位を選んで、一日1パーツずつ鍛えるのもあり。

+αのテクでもっとヤセる!!

カリウムをたくさんとる
アボカドや納豆、海藻類などカリウム豊富な食材で余分な水分を排出。糖質少なめを選ぼう！

プロテインスムージーに置き換え
筋トレの効果をあげるためにもたんぱく質が必要！プロテインスムージーなら簡単に摂取できる♪

せっかく筋トレをするならついでに脂肪も燃やしたい♥
食事管理と有酸素運動を取り入れてさらなる即ヤセをめざそう！

ドローインで細ウエストをクセづけ
おなかをふくらませて息を吸い、へこませて息を吐ききるドローインを、気づいたときにこまめにやろう。

筋トレのあとに有酸素運動

筋トレのあとは脂肪が燃えやすいゴールデンタイム。有酸素運動を行なおう。踊りまくるだけでも十分効果あり。

おなかヤセには プランク♥

ぺたんこおなかをめざすなら体幹を鍛えるのがベスト★ 話題のプランクを制すれば、30日後は理想のおなかに！

B サイドプランク
ひじを肩の真下に置き、体が一直線になるように腰を上げる。上側の腕をまっすぐ伸ばす！

A 基本のプランク
うつぶせの姿勢から、腕を曲げてひじで上半身を支え、下半身は腰を上げて体が一直線になるようにして、そのままキープ★

ちなみに A+B+Cでオールアラウンドザワールドってテクもあるよ！
A→B→C→B→Aを各30秒ずつを1セットとし、合計3セット★ 全方位鍛えられたカンペキな腹筋をGET!!

C バナナプランク
あお向けになり、バナナをイメージして背スジを軽く丸める！ 腰と床の間にすきまができないようにキープ。

30日間プランクチャレンジって!?

海外で人気の体幹エクササイズ。表のとおりの時間だけ、毎日続けると、体型が変化する!!

16日目 2分		1日目	20秒
17日目 2分		2日目	20秒
18日目 2分30秒		3日目	30秒
19日目 おやすみ		4日目	30秒
20日目 2分30秒		5日目	40秒
21日目 2分30秒		6日目	おやすみ
22日目 3分		7日目	45秒
23日目 3分		8日目	45秒
24日目 3分30秒		9日目	1分
25日目 3分30秒		10日目	1分
26日目 おやすみ		11日目	1分
27日目 4分		12日目	1分30秒
28日目 4分		13日目	おやすみ
29日目 4分30秒		14日目	1分30秒
30日目 5分		15日目	1分30秒

E 腕・脚上げプランク
片方の腕と、腕の逆側の脚を上げてキープするプランク。きついコはひざをついてもOKだよ♪

D プランクジャック
基本のプランクから、上半身は動かさずに、ジャンプをして脚を開いて戻す動作をくり返す！ 比較的運動量の多いプランク。

H 骨盤押し込みプランク
基本のプランクから、ひざを曲げて骨盤を内側へ押し込むイメージで動かして戻す。ジワジワ腹筋に効く〜♪

G スパイダークランチ
腕立ての姿勢から、ややひじを曲げながら、片方のひざを同じ側のひじにつけるイメージで引き寄せる。Fと反対の動き。

F プランクツイスト
腕立ての姿勢から、ややひじを曲げながら、片方のひざを逆側のひじにつけるイメージでねじるとくびれに効く♥

冬だからって気を抜いてたら、春の肌見せに乗り遅れる!!

部位別最強ダイエット♥

目的に合わせて効率よく♥ 時間をかけてられないって人のために、効果が高い部位別メニューを紹介♪

撮影／蓮見徹[P.90分]、堤博之[P.91分]

脚ヤセには1分時短メニュー♡

太もも、ひざ、ふくらはぎ！ピンポイントで狙って、むくみ知らずな美脚をめざそ♥

下半身ヤセのキーワードは股関節だった!!

脚のつけ根を刺激して下半身スッキリ★

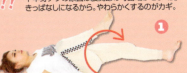

下半身デブの原因は股関節の可動域がせまく開きっぱなしになるから。やわらかくするのがカギ。

① あお向けになり、右脚と床が平行になるように曲げたら、円を描くように大きく3回回す。左も同様に★

② 両脚をそろえてひざ裏が90度になるように曲げたら、左右10回ずつ倒す。肩が浮かないように注意してね。

ちなみに
黒タイツは厚さがカンジン!!

80デニール / 60デニール / 18デニール / Before

黒は、引きしめ色。でも濃いとメリハリがなくなるので、少し透け感があるくらいがちょうどいい★

ひざのたるみを取る1分エクササイズ

① 辞書などちょっと厚さのあるものに片方の足の甲をのせて、うつぶせに寝てスタンバイ。

② 足の甲にグーッと力を入れて、ひざを伸ばす。これを2回くり返したら、反対も同様に!!

太ももを刺激する1分ストレッチ

① 正座のまま、上半身を後ろに倒して寝る★ 太ももの前側が伸びてることを意識して！

② あぐらをかいたら、両ひざを重ね合わせ、そのまま前屈。太もものサイドが伸びるよ！

③ できるだけ広く開脚をしたら、上半身をゆらす★ これは太ももの内側に効き目アリ。

ふくらはぎに効く1分伸ばし

① あお向けに寝たら、両脚を壁につけて90度に。かかとも90度にして、ふくらはぎを伸ばす★

② 足の甲を伸ばした状態で、そのまま開脚する。このとき、できるだけ大きく開くとGOOD!

③ 足全体に力を入れたまま、右足と左足のかかとをくっつける。これを10回くり返してね♪

むくみにくくなる1分スクワット

① 足を肩幅より少し広めに開き、つま先は外側に向ける。そのまま胸をはり、つま先立ちをする♪

② つま先立ちのまま、ひざをなるべく開いて、腰をゆっくりと下ろす★

③ 次は左だけ、つま先立ちにして、腰を下ろす。右も同様に…を各5回！

1分温冷シャワーで引きしめる

温かいシャワーで血管を広げたあと、冷たいシャワーで血管を縮める。これを交互にやると効果的！

Wリンパマッサージ

ぐいぐい押して深いリンパ、なでなでして浅いリンパに働きかけて、しっかり流すことが細脚への近道♪

① 手のひらで、お尻から太ももの裏を通して、ひざ裏まで強めの力でぐいぐいリンパを押し流す。

② 手のひらのつけ根を使って、ふくらはぎを上から下へ強めに押し流す。深層リンパには強めが◎。

③ 上下に重ねた手で、太ももの前面と側面を上から下へ強く押し流す。痛い部分は念入りに!!

④ 両手の親指の腹を重ね、すねの骨の両ワキを左右それぞれ、上から下へ力強く押し流すよ。

⑤ 両手のひらで交互に、すねを下から上へ、ふくらはぎを下から上へとなでて上げる。前も後ろも徹底的に！

⑥ 両手のひらで交互に、太ももの外側から内側に向けて、巻き込むようにもみ上げる。

⑦ 両手のひらで交互に、太ももの内側を脚のつけ根に向けてやや強めになで上げる。左右同様に。

⑧ 両手のひらで交互に、つま先から足首にかけてなで上げる。下から上へはやさしくなで上げる。

JK的 2大ヤセたい 脚&おなか 部位

ハッピーオーラが出て運気UPするマッサージを紹介！

小顔効果だけでなくイライラ改善などうれしい効果も♥　お風呂あがりにやるのがベスト!!

教えてくれたのは
渡辺佳子先生
『銀座ナチュラルタイム』の総院長。HP*http://ginzanaturaltime.com/

渡辺先生の最新著書『美顔専門リンパマッサージセルフケアBook』（¥1426／マイナビ）はためになるテクが豊富♥

基本の顔マッサージ
顔にもたくさんのリンパが集結。顔全体のめぐりをよくすれば、ハッピーオーラが出て運気もアップ！

1. 親指以外の4本の指で、あごから耳の下に向かって、フェイスラインをさすり上げる。約1分間やさしくやり続けよう♪

2.  人さし指と中指の2本の指で、口角から耳の下までさすり上げる♥ キュッと上がる口角をイメージしてほぐしてね！

3. 人さし指と中指の2本の指で、小鼻の横から、耳の前までほお骨にそってさする。1分間何度もくり返しマッサージ！

4.  親指以外の4本の指で、おでこの中心からこめかみまでを1分間さすったら、こめかみのくぼみをプッシュ!!

基本のデコルテマッサージ
多くのリンパや神経が集まるデコルテ★ ここをマッサージすると全身のめぐりが改善！

1. 親指以外の4本の指で、鎖骨の上下を肩先から中央に向かってさする。左右とも約1分を目安にしてやってね★

2.  鎖骨の上にあるくぼみを、親指以外の4本の指を使って、肩先から中央に向かって少しずつ押して全体をほぐす。

3. 両手の4本の指を使い、肩先から反対側のワキの下に向かって、交互にさすっていく。これも約1分続けて★

4.  4本の指で、耳の下から鎖骨、耳の下から肩先に向かって、左右交互にさすっていく。これも1分を目安にしてね。

\イライラも改善/
あがりリンパマッサージ♥

撮影／蓮見徹

お悩み別♥ 小顔マッサージはこれだ!!

顔に関するお悩み別のアプローチ法を教えちゃうよ！ 悩みを解決しながら、小顔も手に入れちゃおう♥

お悩み 1 むくみがツラい!!

1 手のひら全体を使って、首の前面をあごから鎖骨に向かってなで下ろす。首は伸ばしたまま、やさしくさすってね！

2 あごから耳下、あごから耳の前までを、フェイスラインにそってさする。手のひらで包み込むようなイメージで★

3 口角の横に4本指をあてて、耳の前に向かって、ラインを引くようにする★ 小鼻の横から耳前までも同様に。

4 おでこの中央に4本指をそえ、生え際に向かって円を描くようにさすっていく。どの工程も1分ずつやってね♥

お悩み 2 フェイスラインをシャープにしたい!!

1 フェイスラインを、あごから耳の下まで、親指と人さし指で押し流していく。親指はあごの骨をつまむイメージ♪

2 フェイスラインを親指と人さし指でつまみ、あごから耳の下までもみもみ。硬い部分は念入りにもみほぐす！

3 親指と人さし指であごをはさみ、フェイスラインにそってあごから耳の下まで押し流して、さすり上げていく。

4 フェイスラインを指でパタパタたたいて刺激する♪ あごから耳の下までの範囲を、下から上に向けてたたいていく。

お悩み 3 クマが気になる!!

1 目の下の、クマになっている部分を親指以外の4本の指でやさしく押す。目頭から目尻の方向へゆっくり★

2 親指と人さし指でクマを軽くつまみ、目頭から目尻へもみほぐす。目元の皮ふはデリケートだから力加減も意識。

3 クマの部分を人さし指と中指を使って1分さする★ 目頭から目尻の方向へとやさしくさすると代謝も上がるよ♥

4 人さし指と中指を使い、目のまわりをさする。指をそろえて、目頭からこめかみまで、目の上下を通ってほぐす！

顔の印象が変わるだけで見た目−3kg!?
冬の顔ヤセはほっ♥とお風呂

冬服を着ていてもごまかせない顔は、マッサージが効果テキメン♥ リラックス効果もあるから受験生にも◎だよ。

Part 9 学校でできるヤセぐせ

お勉強しつつ、ちゃっかり可愛さも偏差値UP♥

本業は学生だもん♥ 学校でお金をかけずに、友だちとも一緒にできるメニューをセレクト。学校が楽しくなりそう★

撮影/堤博之

Part9 学校でできるヤセぐせ

みんなのダイエット事情が知りたい!!
JK & JCの ダイエットエピソード!

ダイエットを経験した人たちの話ってリアルで参考になる〜!! 読者200人のアンケート集計結果をまとめたよ。

撮影／堤博之

Q ダイエットのためにどんなことをやったの?

サラダに置き換えてヘルシー食生活！
1食だけ野菜サラダオンリーに置き換えるってのも、JK＆JCがダイエットするときによくやるテク。

夜ごはんの量を減らすor食べない
みんなが手始めにやるのは食事制限！ 夜ごはんのときに主食を抜いて、カロリーを抑えるのが定番。

いままでよりも歩く距離を増やす!!
早起きしてウオーキングしたり、1駅まえで下車して通学したり！ 休みの日は買い物して歩き回るのもテ。

ひたすらはねる エアなわとび!!
家の前やベランダでなわとびをするってコもいるけど、エアなわとびなら場所を選ばずできちゃう★

YouTubeでヤセ動画を検索する！
ヤセたい部位にきく筋トレ動画を見ながら実践!! 大食い動画を見て食べた″つもり。になるのもあり♪

雑誌やネットで見た情報をひたすら試す
手軽にできそうなテクをお試し♪ ちなみに、毎月のPopteenはダイエット情報も盛りだくさんだよ♥

Q 何kgくらいヤセたい?

- 〜3kg未満 17%
- 3〜5kg未満 43%
- 5〜10kg未満 6%
- 10kg以上 23%
- 決めていない 11%

ウチも-5kgかな

いちばん多かった目標数値は-5kg！ また、「短期間でサクッとヤセたい」ってコがほとんど（短期ヤセはリバウンドしやすいけどね！）。″決めてない。ってコは体重よりも体型を重視してた!!

Q はじめてダイエットをしようと思ったきっかけは?

1位 **友だちより太かった**
2位 **可愛くなりたくて♥**
3位 **新学期デビュー狙い**

友だちと撮った写メがきっかけって声が多数。 2位の意見からは、向上心よりも好きな人に可愛く思われたいっていう乙女心を感じた♥

Q いま気になる部位は?

1位 **太もも**
2位 **おなかまわり**
3位 **顔**

脚にコンプレックスを持ってるコは全体の約1/3! これからの季節はくびれも欲しい!!

ウチらも全員太もも！

Q どんなダイエットの失敗をしたのか教えて!

結局リバウンド型
「食事制限がつらすぎて、食べたらまえより太った」ってよく聞くよね。食べずにヤセたぶんは、食べたら戻る！ 覚えておいて!!

精神や体調不良型
同じものばっか食べて体が拒否反応!! ムチャしすぎて生理がとまることもあるから、成長期のJK＆JCは健康第一でいこう！

体重以外にも失った型
遊びの誘いを断りすぎて友だちが減ったり、ダイエット食品を買いまくって金欠になったりで、ぜんぜんHAPPYじゃない（涙）

ドーーンッ!!

Q どんな体型が理想?

1位 **引きしまった健康体**
2位 **ひと目で見て細い！**
3位 **女性らしい曲線美♥**

みちょぱやローラ゛のような、ほどよい筋肉のついた体型が大人気。 2位派には「ちゃんえなみたいな細さが理想♥」って声も。ボンキュッボンへのラブコールも根強い。

POPモデルがはじめてダイエットしたのはいつ?

 ちゃんえな
中1のときにできた彼氏に可愛いって思われたくて初ダイエット♥ 間食をやめたのと全身マッサージをやってた。

 れいぽよ
中3の終わりごろ。 まえまでは体重が増えてもすぐ戻ったのにヤセにくくなって、ごはんを野菜に置き換えた！

 めるる
POPに入ってから。先輩たちが「撮影期間だからお菓子は制限中」っていってるのを聞いて、自分の意識も変わった！

 みうぴよ
中1のときに、雑誌に載ってる自分を見て「脚が太い！」と思ってケア開始。細いほうが服もおしゃれに見えるからね！

 らにゃ
POPに入って環境が変わったのと、みちょぱ゛の体型を見てカッコいいと思ったから。みちょぱ゛はいまも憧れ♥

 あいりる
中3の4月から、オーディションに向けてずっとダイエットしてたよ。どうしても専属モデルになりたかったから!!

新年に向けて宣誓〜!! 私たちがんばります！

ただいま本気の減量中！ どうやったら確実にヤセるかだれか教えて（涙）。

ホメられてのびるタイプ。がんばってるから、″太った？。とかいわないで！

めざせ細もも — ブラジルの血が入ってるから下半身デブ！太ももがマジで嫌すぎる!!

ガリガリ君じゃなくガリガリちゃんになる

もやしになる

モデルが朝可愛くなるためにやってること

きょう、きのうよりももっと可愛くなりたい！

ほとんど5分以内

春の新生活は新しい朝習慣からスタート!! モデルたちが実際に朝やっていることをチェック！ きょう一日を可愛く過ごすための朝の美活をギュギュッとお届け♥
撮影／伊藤翔

朝の5分でキレイをつくる習慣GET♥

GOOD MORNING!

30秒 リンパマッサージで血流を流してスッキリ顔

「あごの下、耳の横、目頭は顔のリンパを流すポイント♪」(あやみん)

「目頭を親指でグーッと押して10秒キープ。プッシュ効果でスッキリ小顔に◎」

「耳とほおの間をグーッと押して10秒。ここのリンパ節がつまるとむくみやすい！」

「あごの先端の骨の内側あたりを、両手の親指でグーッと押し込みながら10秒キープするよ」

30秒 朝忙しくても押せるツボもチェック！

晴明(せいめい) 目頭の上にある目チカラUPのツボ。目の疲れや、鼻づまりにも効果アリ！

天迎香(てんげいこう) 小鼻の横にある鼻を高くするツボ。ここを押すと、頭をスッキリさせることもできるよ。

頬車(きょうしゃ) 歯をくいしばったときポコッとするところが頬車。むくみ解消や小顔効果が！

顔のツボのなかでも小顔に効くツボだけ毎日プッシュ。じんわりと効くように親指で10秒プッシュして。

5分 ベッドから出たら開脚ストレッチ

「体もやわらかくなるし、血流もよくなるよ！」(ゆうちゃみ)

①「できるだけ大きく脚を開いたら、上半身を前に倒して痛いところで1分間キープ！」

②「寝転んで脚を上げたら開いたり閉じたり20回×3セット。脚は壁につけてやるとGOOD！」

③「脚を90度に開ける高さの台などにのせて30秒キープ。これを左右2セット！」

2分 ベッドで寝たまま脚を上げてむくみ取り

「脚がむくんでると感じたらこのバタバタ運動♪」(おとのん)

①「まっすぐ脚を上げたら、足首だけを90度に曲げたりピンと伸ばしたり。これを15回★」

②「脚を上げたままひざから下の力を抜いて、1分間全力でブラブラさせると、むくみが取れてスッキリ！」

1分 布団から出るまえに猫ポーズ

「布団の中で猫のポーズをして血行促進。起きやすくなる」(ゆめのん)

3分 ベッドに座ったまま体をほぐす

「首や肩を回して、立ち上がるまえに準備運動をする♪」(ゆめのん)

3分 ボディークリームを塗りながらマッサージ

「着替えるまえにマッサージ。ボディークリームは、多めに使う！」(りぃたむ)

「腕の肉をつまんで手首からひじに、15〜30回ぞうきんしぼり」

「腕も手首からひじに向かって押し流すように15〜30回。二の腕も同じようにつけ根まで」

「脚は下から上へ向かって、両手でギューッと押し流すように。これを15〜30回★」

4分 1つだけでもOK！朝の4ステップストレッチ

「4つ全部やると体がポカポカ。代謝も上がるよ！」(ひろちゃむ)

④「足と手のひらを床につけ、できるだけお尻を上げて山になる。20秒キープ×2セット」

③「えびぞりを限界までして15秒キープ×2セット。背筋が鍛えられてコリも解消できる！」

②「壁に背中をつけて座り、上半身をなるべく前に倒して20秒キープ×2セット。」

①「片脚で立って足先をつかみ、上半身と太ももを合わせて20秒キープ×左右2セット」

2コ1学校ヘアアレ！

イベント＆卒業式に使える！

小顔見せして写真に残す

友だちと楽しめるおそろいヘアアレで卒業式やイベントを盛りあげて★ どれもストレートでつくれちゃうから簡単だし、ボブのコもマネできる！
撮影／伊藤翔

カジュアル派の キャンディー結び

つくり方 1 耳の後ろでツインに結ぶ。ゴムの少し下でもう一度結び、穴をつくってくるりんぱする。

2 毛先を左右にさいてゴムをつめる。もう一度間隔をあけて結び、同じようにくるりんぱ。

つくり方 1 トップの髪を取り分け、サイドにやや寄せて結ぶ。ゴムから少し間隔をあけてまた結ぶ。

2 ゴムとゴムの間の髪を指で引き出してふっくらさせる★ これを毛先までくり返すよ。

カラーゴムの遊び心とポコポコ感がキュート！

卒業式は三つ編みにとことんガーリーに×リボンで

ガーリー派の お嬢ちっく三つ編み

つくり方 1 トップをセンターで分け、分け目から首の近くまでは編み込みにする。ざっくりでOK。

2 耳から毛先までは三つ編み。毛先をゴムで固定し、根元にリボンをON。左右同様にやるよ。

SIDE / BACK

オトナっぽ派の W三つ編みサイド寄せ

BACK

つくり方 1 髪を左右に分け、ふつうの三つ編みをつくる。毛先まで編んだらクリップなどで仮どめしておく。

SIDE

2 左右の三つ編みを片サイドに寄せ、しっかり交差させていく。毛先を固定してリボンをつける★

山本姫香チャン

アシメなサイド寄せは先輩っぽくてモテ度高め♥

リアルダイエットランキング★

ダイエットを成功させたいなら成功した人の話を聞くのがいちばん！
ダイエット成功者150人に聞いた

3kg以上のダイエットに成功したコ150人に行なったアンケートの結果を
ランキング形式で紹介！ 成功者のリアルな声をお届け★

撮影／蓮見徹

新垣玖玲亜チャンは キモノガールズに憧れて

1年で −11kg!!

Now! 45kg

まりめろに憧れ、"キモノガールズ"に入りたい。と思ったのをきっかけに、K-POPダンスを完コピ♥

夜はサラダだけにして19時以降食べない
「朝と昼は食べるけど、お菓子とジュースはNG。夜はサラダメインで、19時以降は外出しても食べない！」

MOMO LANDの曲を毎日1時間半踊る
「もともとダンスをやっていたし、大好きなMOMO LANDの曲なら毎日1時間以上は余裕で踊れる♥」

「10kg以上ヤセたからまわりの反応がすごい！ 理想のモデル体型になるために、あと5kg落としたい♥」

「可愛くなったね♥」そういわれるのがうれしい

ヤセたらメイクが楽しくなった

お風呂あがりに脚マッサージ
「足首から太ももまで両手で包み込んで肉を持ち上げ×2回。立ったままやるのがコツ♪」

Before 56kg

「小6で56kgに。デブと呼ばれたのを見返したかったし、モデルになってまりめろちゃんに会いたかった！」

「まえはふたえがうもれてアイラインを引けなかった。この間ジャパンモデルズでりなちゃんに会えたのも感激♥」

デブといわれてくやしかった！

Q ダイエットをして何kgヤセた?

- 10kg以上 6人
- 8〜10kg 7人
- 5〜8kg 33人
- 4〜5kg 29人
- **3〜4kg 49人**
- 3kg 28人

5kg以上ヤセたのは30％と、そう簡単なことじゃないってことがわかる結果に。長期間継続してるコほど、大きな変化があった♪

Q どのくらいの期間ダイエットをしてた?

- 1年以上 5人
- 6か月〜1年以内 10人
- **3〜6か月以内 40人**
- 2〜3か月以内 30人
- 1〜2か月以内 27人
- 2週間〜1か月以内 25人
- 2週間以内 13人

3か月以内で成功させたってコが60％以上！ あまり長いとつらくなっちゃったり、ストレスで逆に失敗しちゃうからちょうどいいのかも。

きっかけ編

思い立ったときが始めどき

ヤセる！と決意するきっかけは、人によっていろいろだけど、本気になれるかどうかがカギみたい!!

Q ダイエットを始めたきっかけは何?

1位 36人 着たい服を着こなすため

2位 19人 好きな人に可愛いと思われたかったから

3位 17人 モデル体型に憧れたから

ファッションに限らず、「新体操部でレオタードを着るから」（中3・もえぎ）など事情はさまざま。夏は「プールでビキニを着たいから」ってコも多かった！

Q ダイエットのときにどんなことをしてた?

体質改善 15%
- 1位 25人 リンパマッサージ
- 2位 14人 ストレッチ
- 3位 11人 湯船につかる

劇的な変化はないものの、継続することでじわじわ効果が表われる！ マッサージやお風呂は好みの香りのアイテムで気分転換♥

運動 33%
- 1位 55人 筋トレ
- 2位 23人 ウォーキング
- 3位 20人 ランニング

"ながら"でできるお手軽トレーニングを検索してやってたコが多かったよ♪「テニス部だから部活をがんばる」（高2・桃山）ってのもJKならでは!!

食事制限 48%
- 1位 78人 炭水化物を減らす
- 2位 39人 間食をやめる
- 3位 22人 飲み物は水orお茶

いままで余分に食べてたコは、ムダなカロリー摂取をやめるだけで即体重ダウン。炭水化物を抜いてたコは夜限定など、できる範囲でやっていたよ！

そのほか 4%

やったこと編

結局何すればヤセるの?

何かひとつのことをするんじゃなくて、できることをいくつか同時に行なってた！

アプリで体重管理、SNSで体重投稿などスマホを活用するテクも♥

Q ダイエット中によく食べていたものは?

1位 26人 豆腐

栄養満点なのに低糖質で低カロリー★ アレンジがきくから、あきにくい♪

- 3位 20人 納豆
- 4位 18人 きゅうり
- 5位 15人 トマト

ほかには、かさ増し食材にぴったりな"もやし"、腹もちのいい"サラダチキン"も人気。「合うものにはなんにでも七味をかけてた」（中3・かなたん）なんて声も♪

2位 22人 ヨーグルト

整腸作用で便秘解消に効いておなかスッキリ★ デザートとしても◎。

Q ダイエットのときに役立ったグッズは?

着圧ソックス
ダイエッターほぼ全員が持っていた！！ はくだけでむくみスッキリ♪

憧れ体型の人の画像
ケータイのホーム画面に設定して、つねに目標を意識する♥

ローラー
自分の手でマッサージするよりもラクだし、100均でGETできる★

蝦名愛理チャンは ダイエットノートをつけて

1年半で −41.5kg!!

計画的なダイエットでなんと40kg以上ヤセた、努力家の愛理♥ 服のサイズも8号ダウンして、大満足♥

こんなにヤセた！

食事は低カロでも満足できるもの!
「絹ごし豆腐とじゃがいもと1/3バターチューブと片栗粉でつくったいももち。腹モチも最高★」

「これ全部で600kcal。ご飯には十八穀米とこんにゃく米、キヌア、アマランサスをミックス」

ある日のメニュー

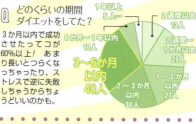

目標・ルール・正しい知識をノートに書いた!
「ダイエットにいいと思った情報はすべてメモ。目標も書けば、がんばろうという気持ちになれる」

おやつも低カロ
「おやつもガマンしたくないから手作りか低カロ。太らないフルーツも調べて、食べてたよ♥」

毎日運動をする
「バスケ部だから運動は得意だし、しないよりはしたほうがいい。ローラーは毎日30回×5セット」

「テレビを観るときは、脚のつけ根を伸ばして柔軟！ 体がやわらかいほうがヤセやすいらしい♥」

「なわとびを3分、背筋運動、腹筋運動をそれぞれ30回×3セット。あと、ダッシュ10本も毎日やってた」

Before 96kg

「デブだと思っていた父と体重が2kgしか変わらなかったことがショックで、ヤセようと決めた！」

お父さんみたいな背中になってた！

Now! 54.5kg

「おしゃれが楽しくなって、友だちも増えて幸せ♥ 今後はこの体重をキープできるようにがんばる」

顔つきが明るくなったから友だちの輪も広がったよ♥

104

冬には冬の♡ヤセる！ Popteen Part10 JKみんなのダイエットランキング

齋藤真羽チャンは バカにされたのを見返したいから
8か月で −8kg!!
Now! 45kg / Before 53kg

きちんと順序だてたダイエットで月に1kgずつヤセた真羽*は友だちからの嫌みをバネにしてた。

悔しさをパワーに変えたらヤセて可愛くなれた♡

「"おまえにはムリだろ。"とけなしてきた友だちが、ヤセたら告白してきた。もちろん断ったけど（笑）」
「まわりを見返したくてヤセたら、女のコ扱いされるようになった♡ POPにも出られて、うれしい！」

「ダイエットはムリ」といわれたけど…

毎日やったのは 筋トレ
「あお向けになって、両足で宙に数字を1から順に書いていく！ 最高で62まで書けた。おなかに効くよ」

リンパマッサージ
「毎日、めん棒を使ってリンパマッサージ。脚の前側、裏側、両サイドを下から上に流していくよ」

「お母さんからもらったローラーで、顔をコロコロ。テレビを見たり、ゴロゴロしているときに使う」
「100均の"かっさ"はどこでも使えるから、持ち歩いてる。気になったら、あごラインをゴリゴリとマッサージ!!」

慣れたら 半身浴
「たまにゆっくり1時間半くらい半身浴。"きき湯 ファインヒートのスマートモデル"を入れると汗が出る」

アイテムもGET♡
「ロフトで約￥1300の断熱ベルト。これをおなかに巻いて生活するだけで汗が出て、ウエストが細く♪」
「ドンキで約￥3600のひとり歌メガホン。大声でもまわりに迷惑にならないし、腹筋にも効く」

原沙優希チャンは 2か月で 4kg ヤセて彼氏ができた♡
Now! 44kg / Before 48kg

高校デビューがしたくて、中学卒業時期に集中的にダイエットした結果、入学後すぐに彼氏ができた♡

おしゃれも恋も学校もヤセたからこそ充実中♡

肌の見えない服でごまかしてた日々

「ヤセたら告白されて初カレGET。リバウンドしないように、筋肉をつけて体型維持をがんばりたい♡」

寝るときは メディキュット
「寝るときのパートナーは、メディキュット。むくみが取れるから、朝になるとスッキリ脚に♡」

「中学時代は脚が太くて隠してばっか。充実した高校生活にするために、ヤセようと決意したんだ♡」

オイルでマッサージ
「お風呂あがりにベビーオイルで脚のマッサージ。両手をグーにして、ふくらはぎから太ももまで流すよ」

いまはミニボトムも着られる

毎日筋トレ
「足上げ腹筋×20回、ゴキブリ体操×30回、プランクポーズ30秒、スクワット×30回を朝晩2回継続！」

ランニング30分
「脚をとにかく細くしたかったから、疲れている日でも毎日必ず30分は走るようにしていたよ★」

「長いパンツで隠してばかりいた脚も出せる！ おしゃれの幅が広がって、自分に自信がついた」

高木ひかるチャンは 夢をかなえるという固い意志で
4か月で −6kg!!
Now! 45kg / Before 51kg

本気でモデルになる！という決意がダイエット成功につながったひかる*の例は、こちら♪

モデルのオーディションにどんどん挑戦したい☆

お風呂あがりは リンパマッサージ
「グーの手で下から上に流す→つまんでもみほぐす→ねじってしぼる→たたく、を片脚各2セットやるよ」

週に4回 フラフープ
「ウエストをしぼるならフラフープがベスト。1回20〜30分、回し続けたよ♪」

ひと口30回かむ
「よくかむと消化がよくなるし、満腹感も出るから、ひと口食べたら最低30回はかむようにした」

しっかり筋トレ
「エアキックを30回×3セット、エアチャリを100回×3セットなど。サボらないために、やった筋トレはきちんと紙に記入した！」

「自分の甘さに負けずにヤセて、夢に近づけた！ もっとキレイな体型になってメイクも研究したい♡」

「バレー部を引退したら、激太り。ウオーキングの先生にもモデルをめざすならヤセるべき…といわれた」

部活を引退して食べまくってた

続けるためのヒケツ★ マインド編
ダイエットを続けるためには強い意志が必要。つらくてくじけそうになったとき、どう乗り越える？

Q 自分へのごほうびってどうしてた？
- 週1でおかしを食べる♡
- 甘えるからナシ!!
- ヤセたらコスメを買う♡

性格によってさまざまだけど、ごほうびナシなんてつわものも！「安室ちゃんのDVDを見ながらお肉を食べてた」（高2・れなこ*）

Q ダイエット中いちばんつらかったのは？
- 1位 26人 お菓子が食べられない
- 2位 17人 まわりが食べてるのに自分だけガマン
- 3位 11人 停滞期に入ったとき

食事関係のストレスがほとんど。「がんばってるのに体重が増えてたとき」（中2・なぎ*）のように、ちょっとの体重変化にも敏感になっちゃう。

Q つらいとき、どうやって乗り越えた？
- 1位 28人 なるべく食べ物を見ないようにした
- 2位 19人 水をたくさん飲む
- 3位 17人 好きなモデルの本を読んだ

食べ物のストレスは食べ物以外で発散！「バイトに行ったり、部屋にとじこもって筋トレして」（高2・あやか*）体を動かせば一石二鳥♡

成功のコツ編
同世代の成功者の経験談にもとづくアドバイスだから、ガチで参考になる！

Q 成功したいちばんの理由は？
- 1位 54人 可愛くなりたい強い気持ちがあったから
- 2位 19人 1か月と決めてやったから
- 3位 14人 ストレスをためずに適度に気を抜いたから

最初はちょっとつらかったことも、続けていくうちにあたりまえになって苦じゃなくなる説も♪「自分がつらいと思うことはしなかったから!!」（高2・ふみ*）

Q 成功させたいなら どうするべき？
- 1位 32人 日常でできる範囲でムリしない
- 2位 24人 食事制限よりも運動
- 3位 17人 何ごとも継続すること

「正しい基礎を学ぶこと。ストレスをためないこと。あとは動か〜！」（中3・りる*）「ムリはせずに、少しずつできることを増やしていけばいい」（高3・ごんちゃん*）

待っているのは幸せ♡ 成功後日談編
ダイエットに成功すると、こんないいことがある♡ってわかれば、成功率がグッとあがるかも!?

Q リバウンドした？
- はい 42人
- いいえ 108人

ダイエットの解放感から、食べすぎてリバウンドしちゃうコもいたけど、日常生活に組み込めたコはそのまま維持してた♪

Q これからの目標は？
- 1位 52人 あと3〜5kg減量したい
- 2位 19人 いまの体重を維持
- 3位 17人 脚を細くしたい

"可愛くなりたい。向上心はとどまるところを知らない♡ 体重を目標にしてたコは見た目バランス重視に！「これからは下半身太り対策がんばる」（高2・わだみん*）

Q ダイエットしてよかったことは何？
- 1位 68人 おしゃれを楽しめること
- 2位 44人 まわりにホメられたこと
- 3位 21人 自分に自信をもてたこと

「継続することが大事ってわかったからほかのこともがんばれるようになった」（高3・みたらし団子*）などポジティブな考えもできるようになるみたい♡

話題のダイエット1週間チャレンジランキング!!

結果が出た数値が大きい順に！ "あの『今日、好き』メンバーもトライ！"

テレビなどで話題のダイエット法、実際やってみるとどんなもの？ってことで、JKが1週間お試し!!

撮影／蓮見徹

1位 スクワットダイエットで ヒップ−4cm！

筋トレのなかで最もカロリーを消費でき、効率よく筋肉量を増やせる"スクワット"でサイズダウン!!

やり方
肩幅に足を開き、上体を前傾させながら腰を落とす。床と太ももが並行になったら戻す。

45分間続けてジャンプできたら、もう少し結果が出たかな？でも本当に疲れた（涙）

体力的にきつかったからもう絶対にやりたくない！

太田佳恋チャン / はりきってやりすぎたから筋肉痛との戦いだった！

正しい姿勢でやるのが大変だった。引きしまった気はするけど、太ももが太くなってる…

BEFORE　身長 160cm

	BEFORE	AFTER
体重	46.2kg	45.6kg
バスト	79cm	78.5cm
ウエスト	61.2cm	61.5cm
ヒップ	87.4cm	83.4cm
太もも	47.2cm	48.5cm
ふくらはぎ	31.7cm	31cm

1日目：「15回を3セットやった。負荷をかけるために1kgの重りを持ってやったらきつかった!!」

3日目：「太ももの内側の筋肉痛がひどすぎて、スクワットはお休み。エアロバイクで運動した」

5日目：「足を肩幅より大きく開く、ワイドスクワットにしてみた。お尻に効いてる実感があったよ」

7日目：「最終日ははりきってスクワット。腹筋マシンで50回上体起こしもやった」

2位 酢納豆ダイエットで ウエスト−3cm！

健康にいい"酢"と"納豆"を組み合わせて、さらに効果UP！むくみ解消や血行促進などいいことすくめ♥

やり方
納豆1パックに小さじ1杯の酢を入れて食べる。一日1パックを目安に続けるのが効果的!!

2位 とぶだけダイエットで ヒップ−3cm！

"ジャンプするだけ"で、リンパの流れがよくなるお手軽ダイエット！問題は一日45分やること!!

やり方
一日45分ジャンプ。とぶときは、背スジを伸ばした状態で、体を軽くツイストしよう★

1日目：「はじめて食べたけど、思ったより酸味もなくて食べやすい。食感もふわふわで◎」

2日目：「脂肪燃焼にいいごま油と便秘解消に効く塩こんぶを混ぜた。アレンジするのも楽しい♪」

3日目：「朝も夜も酢納豆。夜はめかぶを混ぜてみた。便通がよくなって肌の調子もいいかんじ♪」

5日目：「外食しちゃったからトランポリンでカロリー消費。酢納豆にはなめたけを入れて食べた」

7日目：「しらすを混ぜて食べた！最初のころほど、酢納豆の効果は感じないかも…」

齋藤未麗チャン / 毎日便が出るようになって肌がツヤっぽくなった

美容にもよさそうだから、これからも納豆を食べるときは酢を入れようと思う！

身長 160cm　BEFORE

	BEFORE	AFTER
体重	47.6kg	46.5kg
バスト	74.9cm	74.5cm
ウエスト	64.1cm	61.1cm
ヒップ	86.6cm	84.8cm
太もも	49.3cm	49cm
ふくらはぎ	32cm	32cm

1日目：「ジャンプするだけなんて余裕と思ったけど、45分続けるのがつらくて、何回か休憩した」

3日目：「この1週間は小麦粉製品を控える、グルテンフリーの食事も心がけてた！」

5日目：「友だちと遊んでるときやランニングのすき間時間もジャンプして時間かせぎ（笑）」

7日目：「脚はオイルやクリームをつけてちゃんとマッサージ！動かしたぶん、ちゃんとケア」

「一日合計で45分ジャンプすればいいっていうマイルールを決めたから、がんばれたよ★」

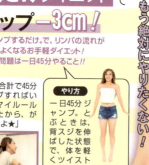

田村月光チャン

BEFORE　身長 160cm

	BEFORE	AFTER
体重	50.5kg	49.9kg
バスト	81.1cm	79.7cm
ウエスト	62.3cm	61cm
ヒップ	90.3cm	87.3cm
太もも	51.2cm	51.2cm
ふくらはぎ	33.6cm	32.3cm

Part10 JKみんなのダイエットランキング

5位 フリパラダイエットで ウエスト−1.4cm！

ぞうきんしぼりのイメージで、ウエストを高速でひねってリンパの流れを刺激。一日30秒でOK♥

1日目「起床後、昼間、寝るまえ…と一日3回やってみた。簡単すぎて効果があるか不安」

2日目「カラオケしながらやってみた！どんな場所でもできるのがフリパラのいいところ★」

4日目「効果を高めるために毎日マッサージして、食事はジュースをやめてお茶か水にしてる！」

5日目「体を動かしたくてバレエを踊ってきた♥ 寝るまえは着圧ソックスをはきながらやった」

7日目「糖質を抑えるために、油揚げピザをつくってみた！野菜もたくさん食べて満足感高め♥」

痛くもきつくもないからこれからも続けられそう!!

やり方
両腕を伸ばして肩の高さまで上げたら、脚と頭を動かさず、ウエストだけを左右にひねる。

ウエストが引きしまってうれしい!! 18時以降食べない&糖質OFFも一緒にやってよかった

小林美琴チャン

	体重	54.3kg	55kg
	バスト	82.3cm	85.3cm
	ウエスト	67.5cm	68.9cm
	ヒップ	89.6cm	92.4cm
	太もも	51cm	52.7cm
	ふくらはぎ	36.7cm	36cm

身長 160cm BEFORE

4位 食前きゅうりダイエットで 体重−1.6kg！

きゅうりはその中身がほぼ水分！また、脂肪の蓄積を阻止する効果もあるからダイエットにもってこい♥

やり方
食前にきゅうりを1本食べるだけ。生のまま食べるのが基本！マヨネーズのつけすぎはNGだよ!!

1日目「きゅうり好きだから気合い入れてたくさん買った（笑）。朝いちにごまあえから食べた」

2日目「夜はもろきゅうのあとに、納豆きんちゃくと肉の煮込みを食べた。つらさはぜんぜんない」

3日目「外食でチーズドッグとオレオのドリンクを飲んだ。外だときゅうりを食べられないのが問題」

4日目「すりおろすと効果が高いって聞いたから、豆腐にのせてみた。食感がザクザクして新鮮」

5日目「昼は外食でうどん。夜はきゅうりのにんにくあえとスープとプリンで満腹になった」

6日目「岩盤浴に行ってたっぷり汗をかいた。朝と昼はごはんのまえにもろきゅうを食べたよ」

最初にきゅうりを食べることで満腹になって、全体的に食べる量が減ったのも成功した理由だと思う♥

顔がむくみにくくなってスッキリしたのがうれしい

市川莉乃チャン

	体重	44.8kg	43.2kg
	バスト	80cm	78cm
	ウエスト	63.3cm	60cm
	ヒップ	87.8cm	84.5cm
	太もも	46.7cm	46.5cm
	ふくらはぎ	31.8cm	31cm

身長 156cm BEFORE

6位 ダンスダイエットで 体重−1.3kg！

ダンスのジャンルはなんでもOK。楽しみながら全身を動かして、カロリーを消費するダイエット法。

1日目「通ってるダンススタジオに行って、ヒップホップを1時間踊った。夜ごはんは豆腐だけ!!」

3日目「きょうはジャズを20分。踊りっぱなしだと脚がパンパンになるからマッサージ!!」

4日目「流行りにのってTikTokでいろいろ撮ってみた。夜はお母さんの誕生日でステーキ♥」

6日目「ヒップホップのレッスンを30分受けたほか、ジムで2時間運動。夜はプロテイン！」

毎日ジャンルを変えたから楽しめた。太ももがちょっとガッチリしちゃったのが残念だな…

結果を出したくて食事も低カロでがんばったよ！

田中想チャン

	体重	47.2kg	48.5kg
	バスト	79cm	80cm
	ウエスト	60.7cm	63.5cm
	ヒップ	87.8cm	90.3cm
	太もも	47.7cm	47.5cm
	ふくらはぎ	32cm	32.3cm

身長 160cm BEFORE

読モたちが興味ある＆実際に試したダイエットを教えます！

ヤセ期を逃さず、自分に合ったヤセ術を取り入れよう♥

楽して成果の出るヤセ活まとめ♥

最新の情報から定番まで！　読者たちの実体験を生かした成果の出るダイエット術をまとめたよ。参考にして！

撮影／蓮見徹

ヤセ2 テニスボールで筋膜はがし

ゴロゴロ→ ←効く〜

姿勢が悪かったり、体の一部に負担がかかると、筋肉の表面にある「筋膜」が絡み合って、代謝が低下してしまうんだって。筋膜をほぐしてはがすには、テニスボールがオススメ。背中の下にテニスボールを入れて寝転がり、気持ちいいと感じる部分に当てるだけ♥　筋膜がはがれると、リンパの流れもよくなりヤセやすい体に変身〜。おうちでゆるくヤセ活できちゃうね！

テニスボールの硬さが、筋膜をはがすにはちょうどいい♥

硬さが絶妙！！

ヤセ1 フラフープでプチ運動

腰回し

縄とび

新田湖子チャン

三角美夢チャン

フラフープは10分間回すだけで100kcalを消費できるプチトレーニング♪　ウエストのくびれはもちろん、ふんばるときに脚の筋肉も鍛えられるので、脂肪燃焼は絶大！朝と夜に10分(一日合計20分)フラフープを回すだけでOK。回しすぎは関節を痛める可能性があるので、時間を守って行なうのがベター。

腰で回すだけじゃなく、縄とびとしても使ってるよ♥

フラフープの輪についてる凸凹でウエストをさらに刺激！

ヤセ5 生理のバイオリズムを上手に利用しよう

北野晏理チャン

生理まえは豆乳を飲むといいんだって

生理後は脂肪燃焼を助けてくれるエストロゲンというホルモンが作用するので、ヤセ期突入★　生理の1週間まえから豆乳を飲んでおくと、大豆イソフラボン効果で生理後さらにヤセやすくなる！　このチャンス、利用するしかない♥

ヤセ4 朝バナナ、夜トマト、夜キウイ…手軽な食材で1食置き換えダイエット

3食のうちの1食をフルーツや野菜1品に置き換えるだけの定番のヤセ活。ほかの2食は好きなものを食べてOKだよ★　置き換えるバナナやトマトは低カロリーかつビタミンやミネラルが豊富なので、手軽に栄養をとりながらヤセられるよ♪

ヤセ3 足指テーピングで正しく歩く

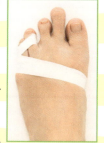

下半身太りは、足の指が反ったり丸まったりして、しっかり地面を踏みしめて歩けていないのが原因。自分の足の指にテーピングを巻いて固定するだけで、足の裏全体を使って正しく歩けるようになるよ！　親指や小指といった、浮きやすい指を重点的にテーピングするとより効果的。

ヤセ8 おやつはかぼちゃの種♥自分でつくればエコにも

JK食レポ
市販のもの。ナッツみたいでカリカリしてて食べやすい♪

JK食レポ
種をレンチン後、塩でいた。甘めの味とかでも合うかも。

そのかぼちゃ、捨てるのちょっと待って！　かぼちゃは種にも栄養がいっぱい。タンパク質が多く、コレステロールゼロだからダイエット中のおやつ向き！小動物みたいにおやつも可愛く食べちゃお♥

ヤセ7 ラーメン食べたいけどこんにゃく麺で代用

JK食レポ
思ったよりこんにゃく臭なく冷やし中華として食べられた。

「高カロリーのラーメンは、ダイエット中は厳禁。どうしても食べたいときは、代わりにこんにゃく麺を食べてるよ。こんにゃくでできてるのに、味は完全にラーメン！　うどんバージョンとか種類もいっぱいでうれしい♥」(湖子)

ヤセ6 オリーブオイル〝ひとさじ〟を一日2回飲むだけ

昼食まえと夕はんまえの合計2回、食べる1時間まえにオリーブオイル大さじ1杯を飲むだけ。オリーブオイルに含まれるオレイン酸が脂肪の吸収を抑えてくれるので、食べてヤセるダイエット。ピュアオリーブオイルを選ぶこと！

ヤセ10 JK発の腰回しダンスでくびれと腹筋ができたよ！

EDMかけてノリノリ♪
神藤愛奈チャン

〝ながら〟でもOK

←朝、髪いじりながら気分あげてたよ♥

セット中
左にクイッ♪
左も同様に。前後にも回しながら動かすと◎。

右にクイッ♪
腰を落とし、持ち上げるように右上へアップ★

ひざ曲げて〜
足を肩幅に広げて、ひざを少し曲げて立つ。

「ウエスト細くなるかなーと思ってなんとなく始めた腰回しダンス。続けてたら本当にくびれができてビックリ！(笑)　腰を回すと腸が活発になるのか、いまや便秘知らずです！　おなかをグルグル回すと効果倍増だよ。EDM聴きながら、やるのがコツ♥」(愛奈)

料理してるときの待ち時間とか利用したよ★

ヤセ9 食べごたえあり!!水きりヨーグルト

水きりのやり方

キッチンペーパーを敷きつめたざるにヨーグルトをのせるよ。ホエイ(乳清)という液体が出てくるから、ざるの下にボウルを用意しよう。

完成
水きり後　水きりまえ

冷蔵庫で搾かせて
そのまま冷蔵庫で数時間寝かせれば、水分の抜けたヨーグルトができあがり★　より硬めの食感が好きなら寝かせる時間を長くしてね！

いま流行ってる腹モチ系ヨーグルト。じつは家でも簡単につくれちゃうって知ってた!?　ふつうのヨーグルトよりずっと硬くて食べごたえがあるから、ダイエット中にすいた小腹を黙らせるにはピッタリ♪　夜につくっておけば、次の日の朝ごはんにもできるよ♥

12 イスを使って下半身エクササイズ しゅりりん発

「いちばん効果ある腹筋は何かなって自分で考えて、たどり着いたのがこのメニュー。2種類の腹筋を、それぞれ100回ずつ毎日やってるよ！」(珠李) しゅりりん流の腹筋は、まずイスの脚を持って、スタンバイ。腹筋に力を入れて、足を思いきり持ち上げ、床ギリギリのところまで下ろす。下腹と太ももに効果てきめん♥ 慣れるまでは10回くらいを目安に。

腹筋に効くイストレーニング・ベンチクランチ！両足をイスにのせて上体を起こすことで、ふつうの腹筋よりも、筋肉に大きな負荷をかけることができるよ。これでみちょぱのような、腹筋女子になれるかも!?

11 "プレミール習慣"をつけて食事のまえに満腹に♥

プレミールって？
プレミールとは食事のまえに行なう行動のこと。ヤセ活に相性のいい食材を紹介★

生だいこんはおろしたほうが食べやすい。むくみ解消や食事の消化も助けてくれるよ♥

食事のまえに、キャベツの千切りを食べると、食欲を抑えるだけでなく、食物繊維の働きで、消化促進作用も得られるよ。ごま油や、オリーブオイル、マスタードでドレッシングを自作して味に変化を出せば続けられる。

15 食事まえの背伸び、一日1分逆立ち…日常生活でインナーマッスルを鍛える

高木沙織チャン

通学中の電車は座らず立つ！つま先立ちなら足首の引きしめトレーニングにも。自宅では夕食まえに背伸びして、一日1回1分間の逆立ちをするとインナーマッスルが鍛えられる。少しのあき時間も活用。

14 姿勢正しくダイエット

鈴原ゆりあチャン

背スジを伸ばし、おなかをへこませてお尻に力を入れる。目線はまっすぐよりチョイ上。インナーマッスルに効くよ！「ダイエットにもなるし姿勢もキレイ」(ゆりあ)

おなかに力を入れて、胸を張るよ。張りすぎるのはNGだけど、肩が体の内側に入らないように気をつけて。授業中や電車の中でも心がけて、めざせ姿勢美人♥

13 つまんでリンパを流す小顔マッサージ

耳たぶの下あたりにある太いスジを強くつまむ。老廃物がたまると張りやすくなるんだって。スジにそって鎖骨までつまみながら下に。これを3回くり返すとリンパの流れがよくなるよ★

首スジに流れるリンパを刺激すると、血流がよくなり、顔のむくみが取れて、小顔になれるよ。自分の首スジをさわり、耳の下にある太いスジの部分を軽くつまむだけ。ゆっくり3回ずつ。メイクまえにすると、メイクのりがいつもよりよくなるのを実感！

18 炭酸水で膨満感

炭酸水は、0カロリーでおなかが膨れるからダイエット中の空腹をまぎらわすのに最適★ 飲みにくいけど、マグネシウムの豊富な硬水タイプを選べば便秘にも効果アリ♪「おなかが減ったら、炭酸水でガマンしてたよ」(ゆりあ)

17 梅干しを焼くだけ

梅干しにもともと含まれているバニリンという成分が、脂肪細胞を刺激して燃焼させる。加熱することでバニリンの量は20%増！1分レンチンして食事のまえに1粒食べるだけ。ただし、一日3粒以上は塩分過多になるので要注意★

一度加熱すれば冷めても脂肪燃焼効果は持続するのでお弁当にも◎。

16 あえて食べにくく!! 時間をかけての食事術

テレビ見て…
ひとロごとにはしをおく！
ひとロ食べて

「ちょっとのごはんでも満足できるように、めいっぱい時間かけて食べるようにしてるよ。それでもおなかすいてるときは早食いになっちゃう(笑)、ひと口食べるごとに、おはしを置くのはいいかも！ テレビとか見て、しばらくしたらまた食べる。これをくり返すだけで、ごはんの時間が、倍近くかかるけど、ゆっくり食べたぶん、満腹になるから、食べすぎる心配もナシだね！」(綾)

JK&JC意識調査 ダイエットランキング

Q 効果がなかったダイエットは？

1位 断食
2位 炭水化物抜き
3位 置き換えダイエット

断トツ1位だったのが、断食ダイエット。「食べないのはムリ」、「イライラしてすぐ終わった」という声が続出。続く2位、3位も同様の理由で、失敗したというコが多数！極端に食べ物を制限するのは、やっぱり難しいのかも…。

19 公園で鉄棒マシーンに!!

佐藤あゆみチャン

「おなか細くなるかなと思って、鉄棒を始めたの。夜な夜な公園でグルグル回ってる(笑)。鉄棒得意なんだけど、最近、さらにいろんなワザができるようになってうれしい！ やりだしてからおなかだけじゃなくて、腕とか背筋にも効いてるかんじがする♥」(あゆみ)

中町綾チャン

きき手の反対で！
難しい…

「きき手と逆の手で食べる…。左手だと持ちにくいし、箸でつかむのもひと苦労だから食べるのに時間がかかるよ。あえて、お豆とかをおかずにすると、時間かかっていいかも！ ただ、続けてるうちに慣れてきて、上手になりそう(笑)」(綾)

いろんなダイエットブームがあるけど…
POP的に気になるネクストワード1位は！

肛筋

肛筋ってつまりお尻の穴!!

新しい響きの"肛筋"みんなで試してみよう♥

ふだんあまり意識しない肛門＆近くの筋肉（＝肛筋）。ちょっと恥ずかしいけど、こっそりトライする価値大★

撮影／堤博之

『やせたいなら肛筋を鍛えなさい』
¥1350／KADOKAWA
一日24秒で肛筋が鍛えられるうえに、ダイエットに効くテクが満載★ DVDも発売中。

\教えてくれたのは／
久嬢由起子先生
タレント、整体師、ボディーメイクトレーナーなど、幅広く活躍する肛筋トレーナー。バツグンのスタイルで説得力大。

Q 肛筋を鍛えるとどうしてヤセるの？

2 血行が促進される
厚い脂肪におおわれているお尻の血行が促進されるため、お尻がポカポカに♥ 冷えを改善して、ヤセやすい体に♪

1 骨盤の位置が正常化！
ゆがんだ骨盤が、理想的な位置に戻るため、筋肉が効率よく使える体質になる。自然と基礎代謝もUPしてダイエットに◎。

Q 肛筋ってどこ？
肛門まわりの筋肉。骨盤を支えるカナメで、下半身の大きな筋肉にもつながっている。

ペンを使わずにできる簡単肛筋ストレッチ

しこふみで美脚狙い♥
脚を大きく開き、つま先も開く。ひざを曲げて腰を落としたら肛門に力を入れて8秒キープ×3回。

肛門キュッで冷えを改善！
背スジを伸ばし、脚を閉じて座る。肛門を力いっぱいに閉じたまま8秒キープ×3回。息は止めずにやってね★

飛行機で全身スリム★
うつぶせになり、お尻の力で両脚を上げる。両手も上げ、肛門に力を入れながら8秒×3回。

まずは肛筋の感覚をつかもう!!

※呼吸を止めずにやろう♪

簡単そうに見えて意外と難しい!!

できるようになったら…肛筋を育てよう！

腰を落としてスッキリ
基本姿勢から、腕を前へ伸ばす。ペンを肛筋ではさんだまま、腰を落として8秒キープ×3回。

ペンをはさみ8秒キープ★
背スジを伸ばして立ち、ペンをお尻の割れ目に差し込んではさみ、8秒キープ×3回。

レベルUP
ゆがみ改善腰回し
脚を開いた基本姿勢から、上半身は動かさずフラフープのように1周8秒で腰を回す。左右各3セット。

冬には冬の♥ヤセる！ Popteen Part11 サギ見せ♥

アイシャドーは単色→グラデで囲む！

カラーで囲んで目の印象を強め、目頭と目尻を広めに塗ることで目の幅を上下左右に拡大。

A Aの左右をふた え幅に。しっかり 色がわかる程度 に塗って、目元を 引きしめる。

①の色を目尻と目 頭が広めるように ボカし広げていく。右下を軽く 重ねてなじませて♥

Aの右下を、目頭か ら目尻までまぶた 全体に塗ってぐるっ と囲む。涙袋の幅で 色をのせて♥

Bでアイラインを描く。まぶたの形にそって、自然に目尻を延長。ハネたりタレたりしないこと。

眉毛は眉尻足すだけ→眉頭から太めに！

"ちょっと太いかな"くらいでOK。眉パウダーは黒すぎず明るすぎず髪色に近いものが◎

正しい眉毛の長さはこう！

小鼻と目尻を結んだ延長線上に眉尻がくるのが理想。少し長めにしたほうがバランスがいい!!

Aの細い筆で小鼻から目尻の延長線上になるよう眉尻を描き足す。眉の形は平行に！

眉と目の感覚が狭くなるように眉頭を太く。左右のバランスを見ながら対称に描こう♪

眉毛を足す気持ちで眉頭にもパウダーをのせ、すき間がないように全体をふわっとボカす。

眉頭は毛が少ない部位なので、Bの眉マスカラで1本1本色を塗って毛を立てていこう★

メイクのまえに リンパマッサージでむくみ取り！

1 手をグーにして首スジを流す♪
グーにした指の関節を使って首スジを流す×5回くらい。流す範囲は耳の下から鎖骨まで♥

2 手首でリンカクを押し上げる！
フェイスラインからこめかみ、あごから頬骨までを、手首を使って押し上げて流す×3回★

3 指の側面を使ってクマをプッシュ♥
目頭から目尻側へ、曲げた指の側面で目の下をトントンマッサージ。目元が明るくなるよ！

4 アイホールの骨にそってプッシュ♪
親指もしくは人さし指の関節を使って軽い力で押し上げる×2、3回。目の開きがよくなるよ。

マスカラは上まつ毛だけ→上下セパレート

小顔のカギをにぎっているのが下まつ毛。手間をかければかけるたぶん変化は大！

下まつ毛はブラシを縦にして塗る。仕上げに上下のまつ毛をコームで整えてセパレート。

上まつ毛は根元から毛先までていねいに塗る。長さを足せるロングマスカラがオススメ♥

ビューラーでまつ毛を上げる。ホットビューラーがあるなら下まつ毛もしっかり伸ばして★

カラコンはブラウンのフチありデザイン！

目ヂカラが出るフチありブラウン系がマスト。トレンドの色素薄い系は小顔メイクには不向き。

NG 色素薄い系は顔の印象がぼやける
いまっぽい顔になれるフチなしは、小顔効果は薄め。メリハリがなくなるから、ヤセてから使おう(笑)。

OK 立体感のあるブラウンでナチュラルなデカ目に

裸眼のサイズに合わせてレンズの直径をセレクト！
一般的には14.2〜14.5mmが主流だけど、自分に合うサイズを見つけよう。なじみやすいデザインが◎。

チークはまん丸→斜めにボカす！

ピンク系のまん丸チークも可愛いけど、小顔を狙うんだったら斜めボカシが鉄則だよ！

濃い部分から目尻側に向かってトントンなじませていく。目尻からハミ出さないように注意！

赤やピンク系のチークは膨張して見えるので、ほお骨の内側がいちばん濃くなるように塗る。

ハイライトは下地のツヤのみ→おでこ・あご先・目の下にプラス！

ツヤ感のある下地を重ねて、さらに立体感を出していくよ。凹凸が生まれて、顔が引きしまる!!

目頭側から放射状に入れる。目の下全体に塗ることで顔を小さく見せ、顔全体がきゃしゃな印象になるよ♥

あご先にも塗る。ここに入れることで顔が横方向に広がって見えるのでNG！

ツヤ系下地を、ベースメイクのあと、Tゾーンに重ね塗り。おでこは、眉間の幅くらいで狭めに。

シェーディングはフェイスライン1周&鼻横にON！

シェーディングやノーズは入れると入れないとじゃ顔の大きさに違いが！ 不自然にならない程度にやろう。

ノーズシャドーはV字に入れる！

眉頭と目頭をボカしてなじませる。このとき、パウダーは足さずに残った粉を使うと自然♪

パウダーを取って眉頭から小鼻、小鼻から鼻先と、2段階に分けてノーズシャドーを入れる★

フェイスラインはポイントメイクのまえに！
おでこの生え際のまん中と、あご先を残して、リンカクを囲むようにシェーディング！

リップはリンカクにそってじか塗り→ハイライト&シェーディンをプラス！

立体的に仕上げるのがポイント。指でポンポンなじませるタイプがいいかんじ♥

下唇のくぼんだ部分にシャドー（眉パウダーでOK）をちょんと忍ばせる。唇全体が立体的に★

リップの山の部分にハイライトカラー（ツヤ下地もOK）をひと塗り。唇がふっくらして見える。

リップカラーを気持ちオーバーめに指でたたき入れる。パキッとしたカラーを選んで♪

メイクで顔面コンプレックスをサギる♥
いつものメイクにプラスして −5kg ヤセをかなえる

目標体重までヤセられなかったらごまかすしかない！

117

Part 12 マインド

まずは行動あるのみ！

結局、ダイエットが成功するかしないかは自分の気持ち次第！
運動や食事の知識を身につけたら、あとはやる気でしょ♥

できる！って思うことが
成功への第一歩♥

きのうより
あしたの自分は
進化する！

変わらないのは、
変わろうと
してないだけ

ダイエットだけじゃない！ 心も元気になって新学期をポジティブに過ごせる!!

アンジェラ・磨紀・バーノンサンに聞いた！

10代から始めるヨガのあれこれ

体も心もハッピーになれるヨガは、10代から始めるといいことずくめ！ ハワイと日本で活躍するアンジェラ・磨紀・バーノンサンが、ヨガの魅力をたっぷり教えてくれたよ♥

撮影／堤博之

自分を変えたい、ポジティブになりたいときこそヨガにTRY！

アンジェラ・磨紀・バーノンサンってこんな人！

ボランティアサーフィンスクール『Ocean's Love』を主催！
2005年より、障がいのある子どもたちに海やサーフィンの楽しさを体験してもらう『Ocean's Love』を主催。「私の兄が障がいがあって、障がい者の住みやすい、愛あふれる社会をつくりたいという思いからスタートしました。サーフィンをすることが子どもたちの自信につながり、その自信がつぎのチャレンジにつながったらいいなと、この活動を続けています」

ハワイで活躍するプロサーファー！
16歳からサーフィンを始めて、数々の大会で優勝するほどの実力者。サーフィン雑誌やテレビ番組などで幅広く活動し、ハワイではカリスマロコサーファーとして大人気！

ヨガのスペシャリスト！
ハワイの大自然をバックに撮影したヨガDVD『Feel the ALOHA』を発売！「元気なときはヨガを楽しんだり、疲れたときはハワイの映像や音楽で癒やされてくださいね」

Q ヨガって朝と夜、いつやればいいの？
A ポーズによって効果が違うので朝も夜も！
「気持ちをスッキリさせたい朝はそういうポーズ、心を落ち着かせたい夜はそういうポーズ。自分が何を得たいかに合わせて、一日中できます」

Q 体が硬くてもヨガってできる？
A もちろん！体が硬い人ほどヨガがオススメ
「ヨガで大事なのは、どれだけポーズが美しくできるかではなく、どれだけ深く呼吸をして自分の体をケアしているか。体が硬くてもだいじょうぶ」

Q ヨガとストレッチの違いって？
A いちばんの違いはヨガの呼吸法！
「ストレッチは体を開いていくことが目的ですが、ヨガでいちばん大事なのは呼吸法。そこが大きな違いなので、呼吸を意識して行なってくださいね」

Q ヨガでヤセられるの？
A 美しい体をつくってくれるのがヨガの特徴
「ヨガをすると、しなやかな女性らしい筋肉をつけることができるし、正しい姿勢にしてくれる。ヤセるというよりは、体が美しい状態になります」

知っているようで知らない!?
ヨガにまつわる素朴な疑問をクエスチョン！

Q 毎日やったほうがいいの？
A 一日5分でもいいから続けることが大事
「ヨガはすればするほど体がやわらかくなるし、しないと体はどんどん硬くなります。できればはだしで、ヨガマットの上でやるのがベストです」

Q ヨガのポーズって何種類くらいあるの？
A 数えきれないほどあるから一生、学べる
「ベーシックなものは約80種類。でも先生によってアレンジをしているので、数えきれないほどあります。だからこそ、ヨガは一生学べるもの」

Q ヨガの前後にごはんを食べてもいいの？
A ヨガまえ2〜3時間は食べないほうがベター
「満腹だと呼吸しづらくなったり、ポーズも取りにくいので、直前の食事は避けて。ヨガ後は体が吸収しやすくなっているから、水分や野菜からとり始めるとGOOD」

目的に合わせてできる4つのプログラムの一部をレクチャーしてもらったよ★

ヨガ初心者から経験者まで！

初心者でもいますぐできるヨガレッスン！毎日の生活に取り入れて、健康的に美しくなろう♪

コアを鍛える上級ヨガ
姿勢もよくなる！

体幹を鍛えれば、姿勢がよくなり、立ち姿や歩く姿まで自然と美しくなる！

チャクラバカ・アサナ

→手は肩幅に肩の真下にくるように、脚は腰幅に開いて腰のつけ根の真下にくるように四つんばいになる。

NG! 腰が反れておなかが垂れるのはNG！体は一直線に!!

←左手を前へ、右脚を後ろに伸ばした状態で3呼吸する。腕は前に引っぱられ、かかとで壁を押すようにイメージすると◎。

↑伸ばす手脚を入れ替えて、同様にポーズ。腕と脚は同じ高さをキープするよ。このときも上体がしっかり床と平行になるイメージ。

↑上のポーズができるようになったら応用編へ。四つんばいになり、息を吸いながらゆっくり左手と右脚を伸ばす。

←息を吐きながら、前後に伸ばしたひじとひざをくっつける。このときおなかに力を入れるのがポイント！左右やろう。

マスターできればこんな上級のバランスポーズも！

パルブリッタハスタ・パタングシュタアサナ

←両手で足の裏を持って片足立ち。おなかに力を入れて背スジはまっすぐ、太ももはなるべく高く上げて！

←足の裏を持ったまま、曲げた脚をピンと伸ばす。できない人は、フェイスタオルを使って同じポーズをやってね。

←左手で足の裏を外側からつかみ、右腕を後ろに伸ばす。ツイストが加わることで、体の内側もマッサージできる上級ポーズ！

体幹を鍛えながらツイストで体の内側をマッサージ！

心がポジティブになるヨガ
気持ちが落ち込んだときは…

嫌なことがあったら、胸を開くだけで気分がUP！体の使い方で気持ちは変わる♪

ヴィーラバドラ・アサナⅠ〜バリエーション

→脚を肩幅約1.5倍に開き、前脚は床と直角にひざを曲げて足首の上にひざがくるように。後ろ脚はつま先を斜め前にして両方の腰が前へ向くように。

←息を吸いながらゆっくり両腕を頭上へ。つぎに、息を吐きながら両手を後ろに回して組み、胸を開いて3呼吸。

ヴィーラバドラ・アサナⅡ

→脚を肩幅約2倍に。前脚は床と直角に、後ろのつま先を斜め前にして腰は横に開く。息を吸いながら、ゆっくり両腕を上に伸ばす。

←息を吐きながら、ゆっくり両腕を平行に伸ばして3呼吸。目線は前の手の指先。腕は一直線になるようにキープ！左右やってね。

一日を気持ちよくスタートするためのヨガ
初心者&朝にオススメ♥

寝てる間に縮こまった体を伸ばすと、気分がスッキリするよ！

タダアサナ〜体幹のストレッチ

→脚は肩幅に開き、背スジはまっすぐ伸ばして立つ。息を吸いながら、ゆっくり両腕をサイドから上に伸ばす。

←息を吐きながら、手首をつかんで横に倒す。手首を遠くに引っぱるイメージでサイドを伸ばし、その状態で3呼吸。左右やってね。

タダアサナ

→脚は肩幅に開き、つま先からかかとまでまっすぐ。息を吸いながら4秒で半円を描くように両腕を上げて、頭上で手のひらをつける。

まっすぐ立つ

←息を吐きながら、4秒で腕を下ろす。腰から下は地面に、背骨は上に伸ばすイメージでやるのがポイント。

ウッターナーサナ

→脚は肩幅に開き、背スジはまっすぐ。息を吸いながら、ゆっくり両腕を上げて伸ばす。

OK! 前屈で脚が痛い人はムリをしないでひざを曲げてOK！

←息を吐きながら、ゆっくり腕を遠くに伸ばして、骨盤から倒れるように前屈するよ。

↑両ひじを持って腕の中に頭を入れ、左右にブランブランゆらしながら3呼吸するよ。呼吸が止まらないように注意して。

ヨガの基本の呼吸法とメディテーション
神経を落ち着かせて頭のなかをリセット！

ヨガの前後に瞑想を取り入れると、心が落ち着くよ。

一日5分のメディテーションでマインドがクリアになる！

←メディテーション（瞑想）は呼吸だけに集中。それが難しいなら、吸って吐いて1、吸って吐いて2…と数を数える。最初は5分から始めよう！

心を解放する瞑想

心と体を美しくするヨガの腹式呼吸

←息は4秒で鼻から吸って、4秒で鼻から吐く（暑いときは口から吐く）。吸うときはおなかがふくらんで、吐くときはへこませて。

←あぐらでも正座でも、自分の好きな座り方でOK。お尻の下にクッションをしいて、座高を高くするとやりやすくなる♪

自分に喝! ダイエットJKがたどりついた成功への道♥

数々の失敗を経たからこそ導き出せた、ダイエットを成功させるカギがこちら。すべての言葉を胸に刻みつけてね!!

撮影/堤博之

基本的には意志の強さ!!

急につらいことをしてもできない!!
まずはできる時間で♪
「回数を決めるとイライラしちゃうから、自分のままにできる範囲で。体への負担も軽減」(美加)

ダイエットノートをつくる
「目標体重や好きなモデルのきりぬきを貼ったノートをつくればやる気も増加!」(愛莉)

自分よりもヤセてるコを目標に!!
「自分より細いコを見るとうらやましい気持ちが高まるから、目標につながる!!」(せいら)

待ち受けを好きな人にする♥
「好きな人を見るだけでヤセようって気合入る♥ ケータイを開くたびニヤニヤ(笑)」(美夢)

太っている人の画像を見る
「こうはなりたくない、と自分を追い込んで、ダイエットへの本気を誓うと効果的」(晏理)

ごほうび=なんでもOK→リバウンド

チョコパイ1コがMAX!!
「ちょっとヤセたときのごほうびはチョコパイ1コ。それ以上はリバウンドのもと!!」(美加)

一日じゃなく1食だけ自由に♥
「丸一日解禁するとドカ食いしちゃってリバウンドするから、1食だけに抑えてる!」(美月)

自分としっかり向き合うべき

少しずつ負荷を上げるべし!!

食事量を減らすならじょじょに!!
「最初にお菓子をやめて、次に炭水化物を減らして…と順を追って胃を小さくしていく」(綾)

運動量を増やすなら1回ずつ!!
「いきなり10回とか負荷を増やすと挫折するから、地道に一日1回ずつ…が正解!」(もも)

続けられるものを見つけよう

ながらストレッチを継続中
「ドラマを見ながらストレッチとか、寝ながら足首をまわすとかささいなことをやる」(美加)

いまやってるのは10時間ダイエット
「8時間ダイエットの10時間バージョン。続けられるように自分なりにアレンジした」(李子)

毎日同じ時間に体重を量る
「同じ時間だと体重の変化がわかりやすい。ごはんのまえに量ると気をつけられる」(美夢)

本当に食べたいか自分に問う
「ただおなかすいたはNG! 具体的に食べたいものが思いつくまでは食べちゃダメ」(涼子)

得意なこと、好きなことをやろう
「運動が好きなら運動、食べるのが好きなら野菜を食べるとか、自分を把握する」(愛莉)

誘惑に打ち勝て!!

コンビニには近寄らない!
「コンビニにはおいしそうな食べ物がいっぱい。近寄ると自分に毒なので避けるべき★」(桃子)

親にも協力してもらう!
「たまに怒ってもらったり、ディスってもらうことで自分をいましめるのも必要」(ありさ)

友だちの言葉も疑う!
「友だちの甘い言葉は敵。ダイエットが成功していない人の言葉は信じない勢いで!」(涼子)

体重よりも体質を重視する!!

冷えは大敵!!
「体を冷やすと代謝が下がるからヤセにくくなる。体質改善を意識するのは、基本!!」(李子)

体幹トレーニングをする!!
「体幹が鍛えられると自然とヤセやすい体質になるから、まずはここを鍛える!!」(綾)

カロリーがすべてじゃない!!

脂質をチェック!!
「体が太る原因はカロリーよりも脂質。栄養価をしっかり調べることが大切!」(美月)

糖質をチェック!!
「炭水化物は糖質が高いとか、成分を知ることがダイエットにはすごく重要」(せいら)

見た目を変えたいならマッサージが効果的♥

④ 「ふくらはぎは、ぞうきんをしぼるような感覚でもみしごく♥ セルライトをつぶすよ」

③ 「くるぶしの後ろ、アキレスけんの近くをプッシュ! 痛くないくらいの力加減がベスト」

② 「足の指を1本1本しっかりと広げていく。こうすることで、より血行が促進されるよ♥」(美月)

① 「まずは足の裏からてていねいにツボを押していくよ。血行をよくするイメージで♪」(美月)

脚のリンパマッサージ

やわらかくなるまで二の腕もみもみ
「セルライトをつぶす感覚で、二の腕をもむ。モチモチするまでもんでいくよ♥」(美加)

ひざまわりもマッサージ!!
「お風呂あがりにひざまわりのお肉を念入りにさすって、ムダを排除!」(桃子)

⑦ 「脚のつけ根にもリンパを流すポイントがあるので、最後にグッと押して終了」

⑥ 「太ももぞうきんしぼりをしてから、脚のつけ根に向かってさすり上げる」

⑤ 「ひざ裏に向けて、リンパを流すようにふくらはぎをさすり上げ、ひざ裏を押す!!」

ラクしてキレイになる方法は存在しない

ヤセたいな〜ではヤセない!!
「ヤセたいな、では成功しない。ヤセてやる!という本気の気合いがマスト」(愛莉)

ダイエットには永遠に終わりがない
「●kgヤセたら終わり、とかはなくキープしてこそ成功。日々の意識改革が重要」(沙織)

嫌だからってやめちゃダメ!!
「嫌だと思ったくらいでやめるのはNG。ダイエットのときは自分に厳しく!」(もも)

多少のガマンはあたりまえ!!
「ダイエットにガマンと努力は必要。友だちに誘われても断る勇気も大事だよ」(美加)

自分だけのモチベUPアイテムって絶対大事!!

可愛いソックス♥
「ソックスが可愛いと、運動中に見えたときに、がんばろうと思える★」(もも)

ココナツオイル♥
「ココナツオイルは見た目もおしゃれ♥ マッサージのときに使うよ」(李子)

おしゃれジャージ♥
「ジューシークチュールの可愛いジャージを着ると気分がアガる♥」(美夢)

ダイエット本♥
「ダイエット本のビフォーアフターを見ると、自分も!と気合いが入る」(沙織)

彼氏の部屋着♥
「彼氏のために、もっと可愛くなろうと、幸せな気分でやる気が出る♥」(涼子)

ちょっとキツい服♥
「わざと小さい、しかも高い服を買えばヤセないわけにはいかない」(せいら)

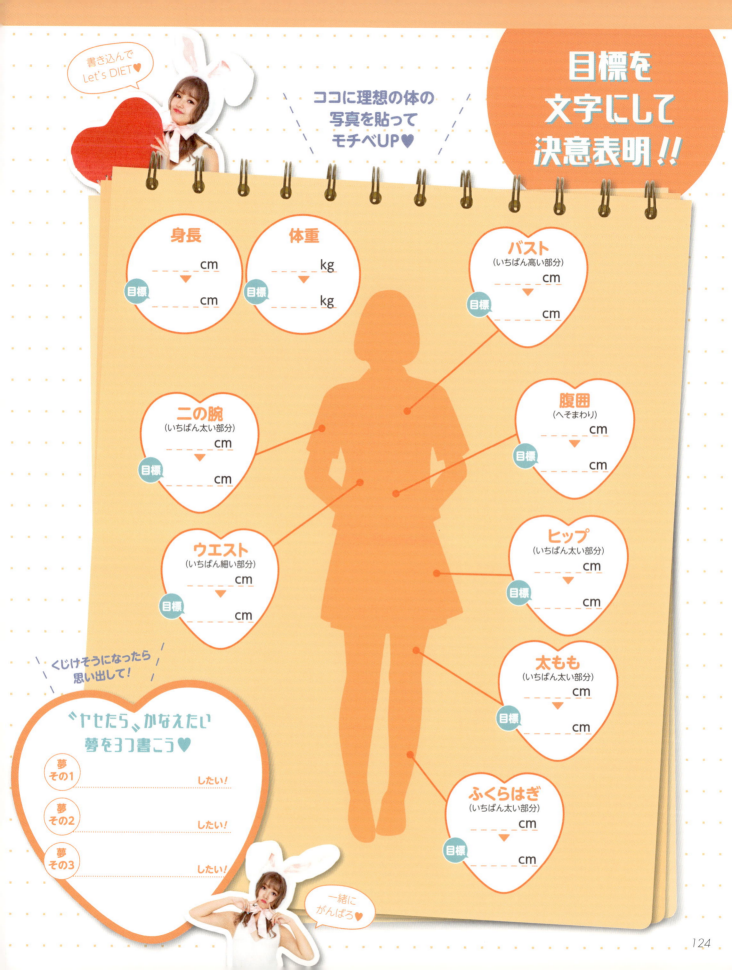

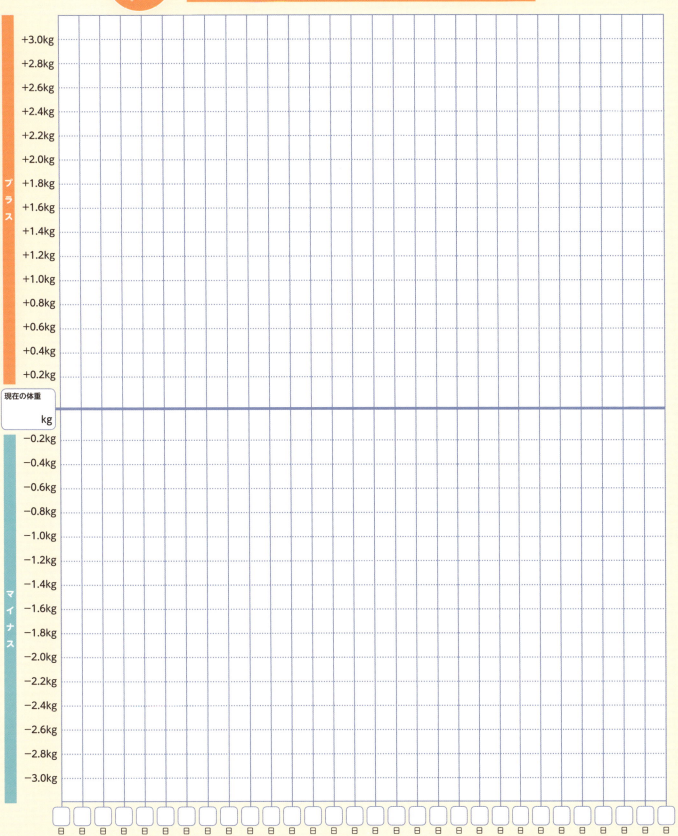

食べたもの 運動したこと 反省点を 毎日記録しよう！

書き出すとより目標が明確に見えてくる♥

記入例

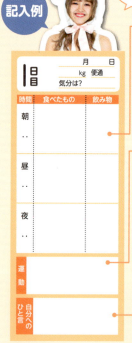

ウチもやるよー！

❶ 食べた時間と量を詳しくメモ！
飲食したものを書き込むことで、太る原因が見えてくる！暴飲暴食の予防にもなるよ♥

❷ 運動した内容や時間などを記録！
どんな運動を何分したかを記録！だんだん書き込むのが楽しくなるよ。

❸ 反省点を書いてあしたにつなげる
一日をふり返って悪かった点や気づいたことを記録。ダメな部分をあしたに持ち込まない。

身長と体重のベストバランス

理想の体重をチェック

全身長とも体脂肪率を20％にすることが、本当の理想体型！

身　長	体重
150〜151cm	45kg
152〜153cm	46kg
154cm	47kg
155〜156cm	48kg
157〜158cm	49kg
159cm	50kg
160〜161cm	51kg
162cm	52kg
163〜164cm	53kg
165cm	54kg
166〜167cm	55kg
168cm	56kg
169〜170cm	57kg

冬には冬の♥ヤセる！Popteen Part12 マインド

18日目 / 17日目 / 16日目 / 15日目 / 14日目 / 13日目

各日：月　日　kg　便通　気分は？
時間｜食べたもの｜飲み物
朝／昼／夜
運動
自分へのひと言

24日目 / 23日目 / 22日目 / 21日目 / 20日目 / 19日目

各日：月　日　kg　便通　気分は？
時間｜食べたもの｜飲み物
朝／昼／夜
運動
自分へのひと言

30日目 / 29日目 / 28日目 / 27日目 / 26日目 / 25日目

各日：月　日　kg　便通　気分は？
時間｜食べたもの｜飲み物
朝／昼／夜
運動
自分へのひと言

夏恵・ニット¥7236／LIZ LISA　パンツ(水着セットで)¥5292／パティシエールバイミンプリュム　乃愛・ニット¥7236／LIZ LISA　パンツ(水着セットで)¥5292／パティシエールバイミンプリュム　恵那・キャミソール¥1770／chuu　カーディガン¥4212／セシルマクビー渋谷109店　パンツ(水着セットで)¥5292／パティシエールバイミンプリュム

読んでくれてありがとう♥

また 会おうね♥

冬には冬の♥ヤセる！Popteen
¥0で始める"冬のヤセぐせ"総まとめ!!

Popteen編集部・編
2018年12月18日　第1刷発行
2018年12月28日　第2刷発行

発行者　角川春樹
発行所　角川春樹事務所
〒102-0074
東京都千代田区九段南2の1の30
イタリア文化会館ビル5階
☎03・3263・7769（編集部）
☎03・3263・5881（営業）
印刷・製本　凸版印刷株式会社

本書には月刊『Popteen』2016年2月号〜2018年11月号に掲載された記事を一部再編集して収録してあります。本書を無断で複写複製することは、法律で認められた場合を除き、著作権の侵害となります。万一、落丁乱丁のある場合は送料小社負担でお取り替え致します。小社宛てに送りください。定価はカバーに表示してあります。

ISBN978-4-7584-1330-5
©2018角川春樹事務所　Printed in Japan
本書に関するご意見、ご感想をメールでお寄せいただく場合はinfo@galspop.jpまで

STAFF

【カバー】
撮影／堤博之
ヘアメイク／YUZUKO
スタイリスト／tommy
デザイン／佐藤ちひろ(Flamingo Studio Inc.)
モデル／中野恵那、鶴嶋乃愛、徳本夏恵

【本文】
デザイン／佐藤ちひろ、伏見藍、松崎裕美、麻生浩子、西田菜々恵、関根ひかり
(以上Flamingo Studio Inc.)
編集／塚谷恵、一石沙永加、工藤好

SHOP LIST

アトモス ピンク
☎03・6434・5485
イーハイフンワールドギャラリー ルミネエスト新宿
☎03・6272・5235
ヴォルカン＆アフロダイティ 渋谷109店
☎03・3477・5072
クレアーズ 原宿駅前店
☎03・5785・1605
CONOMi原宿店
☎03・6273・0225
San-ai Resort
☎0120・834・131
サンキューマート原宿竹下通り店
☎03・3479・2664
cs T&P渋谷109店
☎03・3477・5175
セシルマクビー渋谷109店
☎03・3477・5060
ソニョナラ
☎092・517・9591

W♥C
☎03・5784・5505
chuu
☎050・3136・8282
チュチュアンナ
☎0120・576・755
パティシエールバイミンプリュム
☎03・5411・8828
ハニーシナモン
☎03・5411・0800
パリスキッズ原宿本店
☎03・6825・7650
ブランガールズ
http://www.bullang.jp
ホッピング
☎03・6869・1116
夢展望
☎06・7635・6679
LIZ LISA（(株)LIZ LISA）
https://lizlisa.com
one spo
☎03・3408・2771